HISTÓRIA DA FESTA JUDAICA DAS TENDAS

GILVAN LEITE DE ARAUJO

HISTÓRIA DA FESTA JUDAICA DAS TENDAS

Dados Internacionais de Catalogação na Publicação (CIP)
(Câmara Brasileira do Livro, SP, Brasil)

Araujo, Gilvan Leite de
Histórias da festa judaica das Tendas / Gilvan Leite de Araujo.
— São Paulo : Paulinas, 2011. — (Coleção exegese)

ISBN 978-85-356-2970-5

1. Festa judaica das Tendas - História 2. Jejuns e festas - Judaísmo 3. Judaísmo - Cerimônias e práticas I. Título. II. Série.

11-12876   CDD-296.4309

Índice para catálogo sistemático:
1. Festa judaica das Tendas : Judaísmo : História   296.4309

Direção-geral: *Bernadete Boff*
Editores responsáveis: *Vera Ivanise Bombonatto e Matthias Grenzer*
Copidesque: *Anoar Jarbas Provenzi*
Coordenação de revisão: *Marina Mendonça*
Revisão: *Ruth Mitzuie Kluska*
Gerente de produção: *Felício Calegaro Neto*
Projeto gráfico: *Telma Custódio*

Nenhuma parte desta obra poderá ser reproduzida ou transmitida por qualquer forma e/ou quaisquer meios (eletrônico ou mecânico, incluindo fotocópia e gravação) ou arquivada em qualquer sistema ou banco de dados sem permissão escrita da Editora. Direitos reservados.

Paulinas
Rua Inácia Uchoa, 62
04110-020 – São Paulo – SP (Brasil)
Tel.: (11) 2125-3500
http://www.paulinas.org.br – editora@paulinas.com.br
Telemarketing e SAC: 0800-7010081
© Pia Sociedade Filhas de São Paulo – São Paulo, 2011

SUMÁRIO

Siglas e abreviaturas 9
Introdução 11
1. A Festa de *Sucot* durante o período pré-exílico 13
   1. A Festa de *Sucot* no Pentateuco 13
   2. A Festa de *Sucot* nos Livros Históricos 20
2. A Festa de *Sucot* durante o período do Segundo Templo 43
   1. A Festa de *Sucot* em Zc 14 48
   2. A Festa de *Sucot* e a escatologia em Zc 14 64
   3. Os relatos de Esdras e Neemias 72
   4. A Festa de *Sucot* em 1 e 2 Macabeus 82
   5. Relação entre *Chanuca* e *Sucot* 85
   6. Características da Festa de *Sucot* durante o
      período pós-exílico 91
3. A Festa de *Sucot* durante o judaísmo tardio 99
   1. A Festa de *Sucot* nos Manuscritos de Qumrã 100
   2. A Festa de *Sucot* no livro dos Jubileus 106
   3. A Festa de *Sucot* em Filão de Alexandria 111
   4. A Festa de *Sucot* em Flávio Josefo 115
   5. A Festa de *Sucot* em Pseudo-Fílon, Plutarco e Tácito 119
   6. A Festa de *Sucot* na Mixná 122
   7. A Festa de *Sucot* na literatura extrabíblica durante
      o período do judaísmo tardio 135

Conclusão 139

Referências bibliográficas 145

Tabela comparativa das citações sobre a Festa de *Sucot* 153

Índice de autores 157

AGRADECIMENTO

À Diocese de Osasco, através de Dom Francisco Manuel Vieira, bispo emérito, Dom Ercílio Turco, bispo atual, e meus queridos e santos irmãos no presbitério.

À Bischöfliche Aktion Adveniat.

A meus familiares, em especial minha querida mãe, Inês Leite (*in memoriam*).

À Paulinas Editora.

À Ir. Célia Cadorin, ciic.

À Pontifícia Universidade São Tomás de Aquino (Angelicum de Roma).

Às Bibliotecas do Pontifício Instituto Bíblico de Roma e Pontifícia Universidade Gregoriana de Roma.

Aos professores Pe. Dr. Bernardo Gianluigi Boschi, op, meu querido "pai intelectual", e Pe. Dr. José M. Viejo, op.

SIGLAS E ABREVIATURAS

AssSeign	Assemblies du Seigneur
ABD	The Anchor Bible Dictionary
AnchBD	Anchor Bible Dictionary
AUSS	Andrews University Seminary Studies
Bib.	Biblica. Roma
BTB	Biblical Theology Bulletin
BVC	Bible et Vie Chrétienne
CahRat	Cahiers Ratisbonne
CBQ	The Catholic Biblical Quarterly
DBS	Dictionnaire de la Bible. Supplément
DSD	Dead Sea Discoveries
EncJud	Enciclopedia Judaica
ErIs	Eretz Israel
ETL	Ephemerides Theologicae Lovanienses
HTR	Harvard Theological Review
HUCA	Hebrew Union College Annual
Irén.	Irénikon
IEJ	Israel Exploration Journal
JBL	Journal of Biblical Literature
JDharma	Journal of Dharma
Jeev	Jeevadhara
JJS	Journal of Jewish Studies
JQR	Jewish Quarterly Rewiew
JSNT	Journal for the Study of the New Testament
JSOT	Journal for the Study of the Old Testament
JTS	The Journal of Theological Studies

LA	Liber Annus
MD	La Maison-Dieu
MOBI	Le Monde de la Bible
OrSyr	L'Orient Syrien
RB	Revue Biblique
RenChrJ	Rencontre Chrétiens et Juifs
RQ	Revue du Qumran
ST	Studia Theologica
Trad.	Tradition
VT	Vetus Testamentum

INTRODUÇÃO

A Solenidade do Senhor é a denominação dada pelo livro do Levítico àquela que, segundo Flávio Josefo, é a maior e mais santa festa de Israel, ou seja, a Festa das Tendas, chamada em hebraico de *Sucot*.[1] As solenidades de *Pessach*, *Shavuot* e *Sucot* são consideradas pelo Povo da Aliança como as principais festas de Israel. Através delas, os israelitas celebram e transmitem a sua história.

A Festa de *Sucot*, assim como *Pessach* e *Shavuot*, sofreu mudanças ao longo da sua história. Contudo, *Sucot*, em particular, jamais perdeu as suas origens. Neste sentido, pode-se falar de uma evolução, através da qual os elementos originários assumem novos contextos, mantendo sua raiz. Da alegre festa cananeia de fim das colheitas, *Sucot* passa a fazer parte da vida cultual israelita como memória dos quarenta anos de caminhada pelo deserto até assumir um contexto escatológico.

A popularidade da Festa de *Sucot* permitiu a Salomão usá-la como momento propício para a consagração do Templo de Jerusalém, passando assim a existir uma íntima relação entre aquela primeira e este último, que abrirá caminho, junto com o tema da luz e da chuva, para a expectativa messiânica.

A análise diacrônica da Festa de *Sucot*, percorrendo praticamente toda a Sagrada Escritura judaica, mostra a evolução da Festa de *Sucot* e sua adaptação aos novos processos históricos de Israel sem perder sua raiz original.

Dentro do objetivo de apresentar um percurso histórico, pareceu conveniente centrar o estudo do período pré-exílico em

---

[1] A palavra hebraica *Sucot* (סֻכּוֹת) para as línguas neolatinas apresenta certa dificuldade de tradução. No geral tende-se a traduzi-la por "Tendas", "Tabernáculos" ou transliterá-la como *Sucot*. Diante das variedades propostas para a tradução, preferiu-se adotar a transliteração da palavra hebraica, ou seja, *Sucot*, na presente obra.

torno do relato da Consagração do Templo de Jerusalém, presente em 1Rs 8 (primeiro capítulo); continuando com o período pós-exílico centrado em torno da profecia de Zc 14 (segundo capítulo). Dessa forma, nasce o tema "A história da Festa de *Sucot*". Os textos extrabíblicos fornecem rico material, que auxilia na compreensão desta solenidade no decorrer da história bíblica (terceiro capítulo).

A Festa de *Sucot* é uma marca indelével para Israel, por meio da qual se pode narrar a própria história do Povo da Aliança. Tal marca se pode evidenciar no cristianismo, principalmente na sua liturgia. Contudo, em âmbito cristão a presença de *Sucot* é ofuscada pelas Festas da Páscoa e Pentecostes.

Reler a história da Festa de *Sucot* é reler a própria História de Israel. Conhecer a Festa de *Sucot* é percorrer a história de um povo chamado pelo Senhor Deus a ser sua particular predileção através da Aliança. Este povo, em suas aventuras e desventuras, jamais foi abandonado, mas sempre foi chamado a subir para Jerusalém, para alegrar-se e se fazer ver pelo Deus de Israel.

1

A FESTA DE *SUCOT* DURANTE O PERÍODO PRÉ-EXÍLICO

1. A Festa de *Sucot* no Pentateuco

A Torá dedica atenção especial às festas de Israel. Com exceção do livro do Gênesis, todos os demais escritos fazem menção às celebrações festivas de Israel. Entre as prescrições festivas encontram-se características e normas para a celebração da Festa de *Sucot*. Neste capítulo procura-se evidenciar as características desta solenidade a partir do Pentateuco e dos Livros Históricos. O foco situa-se na Festa de *Sucot* anterior ao exílio da Babilônia.

1.1. A Festa de *Sucot* em Ex 23 e 34

No livro do Êxodo encontramos prescrições referentes às solenidades do Senhor. Os relatos de Ex 23 e 34 apresentam prescrições referentes ao repouso do sétimo dia (= sábado) e às três solenidades anuais da Festa dos Ázimos, da Festa da Messe (23,16) ou Semanas (34,22) e da Festa da Colheita. Essas festas prescrevem que todo israelita do sexo masculino deve apresentar-se diante do Senhor portando as primícias, sendo proibido, portanto, apresentarem-se de mãos vazias.

Os textos relativos à Festa de *Sucot* presentes no livro do Êxodo fazem menção apenas à obrigação de, anualmente, apresentar-se perante o Senhor Deus de Israel, *"ao final do ano"* (Ex 23) ou durante *"a passagem do ano"* (Ex 34), para celebrar a Festa da Colheita. O texto de Tradição Eloísta de Ex 23 difere, ainda, do texto Javista de Ex 34 enquanto ordena celebrar a Festa da Colheita no fim do ano, "*quando recolheres dos campos o fruto dos teus trabalhos*" (23,16).[1] Isto é uma evidência, segundo McRae, de que o ano tinha o seu início durante o outono.[2] Segundo Ulfgard, existe um conflito entre os dois relatos, revelando a existência de dois sistemas de calendários. Ex 23 está dentro do sistema de calendário com orientação agrária, com o ano-novo no outono, enquanto o segundo sistema, presente em Ex 34, direciona o ano-novo para a primavera.[3] O segundo sistema de calendário é tardio e exalta a Festa dos Ázimos.[4] Contudo, a divergência de calendários demonstra, por outro lado, uma influência do calendário babilônico, com o ano-novo na primavera, que, por sua vez, reflete uma mudança política no ambiente bíblico que teve lugar com o exílio da Babilônia.[5] Ulfgard aponta ainda que o processo de historização das festas israelitas tem como função expressar a identidade judaica. O autor bíblico faz coincidir a Festa de *Pessach* (=Páscoa) com a solenidade do ano-novo babilônico para enfatizar o caráter judaico, em oposição à supremacia babilônica.[6] No geral, Ulfgard aponta para a questão do calendário bíblico como uma problemática político/ideológica influenciando nas mudanças de ordem cultual, político e religioso de Israel, no período pós-exílico.

Vicent,[7] por sua vez, aborda a questão da Festa de *Sucot*, em Ex 23 e 34, aprofundando o vocabulário festivo presente nestes textos. A primeira expressão que Vicent evidencia é a palavra "*hag*", que o autor traduz por "peregrinação". Segundo Vicent, o fim do período agrícola com a vindima era unido com uma festa popular acompanhada de algum rito religioso oficial. Neste

---

[1] A expressão "passagem do ano" de Ex 34 aparecerá novamente apenas em 2Cr 24,23, podendo demonstrar que Ex 34 é fruto de uma redação tardia.
[2] G. W. McRae, "The Meaning and Evolution of the Feast of Tabernacles", in CBQ 22 (1960) 253.
[3] H. Ulfgard, The Story of Sukkot, 79.
[4] H. Ulfgard, The Story of Sukkot, 77.
[5] H. Ulfgard, The Story of Sukkot, 80.
[6] H. Ulfgard, The Story of Sukkot, 80.
[7] R. Vicent, La Festa Ebraica delle Capanne (Sukkot).

sentido, o calendário festivo de Israel pode ser fruto de uma síntese de diversas tradições locais; em tal caso a Festa da Colheita que se realizava em Siquém teria sido unida à Festa do Outono em Silo (1Sm 1,3), e a única festa anual teria sido estendida ou dividida em três, possivelmente durante o período dos juízes, pelo fato de que o Senhor ampliara as terras de Israel (Ex 34,24).[8] A intenção fundamental da festa é "*comparecer diante do Senhor*" para honrá-lo. A partir deste fato, o autor desvia o caráter puramente agrícola para uma visão teológica da festa e, ao mesmo tempo, evita possíveis comparações entre as festas e os cultos estrangeiros. O autor do livro do Êxodo usa uma construção redacional na qual o peregrino não vai ao santuário para ver a face de Deus, mas para ser visto pela face de Deus: "...*comparecerá perante o Senhor Deus*". O apresentar-se diante do Senhor implica, ainda, reconhecer a soberania do Senhor sobre Israel. Talvez seja neste sentido a obrigatoriedade de o homem israelita apresentar-se, reconfirmando assim a Aliança estabelecida no Sinai.

O apresentar-se diante do Senhor deve ser acompanhado pela oferta pessoal. No contexto de Ex 34, a oferta tem a função de resgate: "*Todo o que sair por primeiro do seio materno é meu... Resgatarás todos os primogênitos... Não comparecerás diante de mim de mãos vazias*" (vv. 19.20). Por outro lado, a proibição de comparecer diante do Senhor com mãos vazias implica prever a necessidade dos pobres, como se pode observar no relato de Ex 23.[9] A proibição de comparecer diante do Senhor com as mãos vazias pressupõe, ainda, a abundância de bens em condições de partilhar e a retribuição ao Senhor, como reconhecimento de que os bens obtidos são fruto das bênçãos do próprio Deus.[10]

1.2. A Festa de Sucot em Lv 23

Lv 23 é um texto de Tradição Sacerdotal, que deve ter sido elaborado em diferentes fases. Mesmo admitindo uma composição

---

[8] R. Vicent, La Festa Ebraica delle Capanne (Sukkot), 25-26.
[9] R. Vicent, La Festa Ebraica delle Capanne (Sukkot), 27.
[10] R. Vicent, La Festa Ebraica delle Capanne (Sukkot), 27.

pós-exílica, é inegável a presença de material antigo.[11] O texto de Levítico segue o calendário babilônico,[12] com o ano-novo começando na primavera[13]

O texto de Lv 23, por sua vez, denomina a Festa de *Sucot* como Festa do Sétimo Mês, que se deve celebrar a partir do décimo quinto dia deste mês durante sete dias mais um. O texto sacerdotal de Lv 23 apresenta duas festas adicionais, ambas celebradas também no sétimo mês: *Rosh Hashana* e *Yom Kippur*.[14] O texto está inserido dentro do código de santidade, e a festa se articula entre estas duas solenidades, o primeiro dia do sétimo mês é uma assembleia santa e repouso, e no décimo é celebrado o Dia da Expiação, seguido pela Festa de *Sucot* no décimo quinto dia. Um dado importante é que nos versículos seguintes o autor, que anteriormente havia chamado a festa com o nome de *Sucot*, agora apenas fala de celebrar anualmente a "Festa do [para o] Senhor" (חַג לַיהוָה) durante sete dias (vv. 39.41), sem nominá-la.

Uma novidade de Lv 23 é a descrição de uma santa assembleia no oitavo dia.[15] Outra novidade do texto do Levítico é a obrigação de habitar em cabanas/tendas durante sete dias, de

---

[11] G. W. McRae, "The Meaning and Evolution of the Feast of Tabernacles", 256.

[12] O calendário babilônico segue o sistema lunissolar, que fixa com precisão as datas das celebrações.

[13] G. W. McRae, "The Meaning and Evolution of the Feast of Tabernacles", 257.

[14] G. W. McRae, "The Meaning and Evolution of the Feast of Tabernacles", 258.

[15] K. W. Weyde dedica todo um estudo aos temas do "oitavo dia" e "santa assembleia". O primeiro problema enfrentado é a relação entre as expressões "עֲצֶרֶת" e "מִקְרָא־קֹדֶשׁ" em Lv 23,36 aplicado a *Sucot* e em Dt 16,8 aplicado a *massot*. Autores como Cholewinski, segundo Weyde, sugerem tratar-se de uma exaltação de *Sucot* em relação a outras duas festas em Lv 23. Outra questão aborda até que ponto se pode dizer que o oitavo dia é uma festa (*hag*). Outro problema enfrentado é o uso de "עֲצֶרֶת" em relação a textos como de Jl 1,14; 2,15, no qual o sétimo mês e oitavo dia indicariam tempo de julgamento divino, principalmente com relação às chuvas. Weyde conclui dizendo que o oitavo dia é uma inserção do período exílico e tinha a função dar ênfase à festa do sétimo mês (K. W.

onde provém o nome da festa (*sucot*), como memória perpétua do período do deserto, no qual o Senhor fez os israelitas habitarem em tendas/cabanas (vv. 42-43). Outra característica é o uso de frutos formosos e ramos de palmeiras, de árvores frondosas e de salgueiros para se regozijar diante do Senhor durante os sete dias da festa (v. 40).

1.3. A Festa de Sucot em Nm 29

O relato sacerdotal de Nm 29,12-38 apresenta uma ampla e detalhada prescrição de sacrifícios diários a serem oferecidos durante a Festa de *Sucot*. O relato não faz menção ao uso de ramos ou habitação em cabanas/tendas, como o apresentado em Lv 23. A prescrição de ofertas para o Senhor é mantida, bem como a referência à assembleia ao oitavo dia. A data segue o padrão do Levítico, ou seja, a partir do décimo quinto dia do sétimo mês. Uma particularidade é que a festa (v. 12), como em Lv 23,39.41, é também chamada de "Festa do [para o] Senhor" (חַג לַיהוָה). Ulfgard, no entanto, sublinha que a expressão "Festa do Senhor" não é sinônimo de Festa de *Sucot*, tendo em vista que a expressão aparece em relação às outras solenidades (Ex 12,14; 13,6; 32,5; Lv 23,6 e Dt 16,10).[16] Mas, por outro lado, as referências constantes de datas nos permitem identificar a expressão como a Festa de *Sucot*. O relato do Levítico está em relação com a ordem de celebrar em Esd 3,4. Pode-se dizer, segundo Ulfgard, que o relato de Nm 29 é uma descrição da Festa de *Sucot*, exclusivamente direcionada ao Templo pela estrita referência aos sacrifícios, excluindo, quase por completo, uma expressão popular durante a solenidade.[17] Além do relato de Nm 29, outra prescrição estritamente legislativa poderá ser encontrada somente nos relatos de Ez 45-46 e no Rolo do Templo da Biblioteca de Qumrã que estão em paralelo com o relato dos Números.

Weyde, The Appointed Festivals of Yhwh); G. W. McRae, "The Meaning and Evolution of the Feast of Tabernacles", 258-259.
[16] H. Ulfgard, The Story of Sukkot, 89-90.
[17] H. Ulfgard, The Story of Sukkot, 90.

O relato de Nm 29 não apresenta sinais de influência ideológica ou processo de historização. Para Ulfgard, o relato de Nm 29 é sem dúvida pós-exílico.[18] O relato de Nm 29 acentua fortemente o Templo. O foco sacerdotal, diferente do popular, presente em outros relatos do Pentateuco, demonstra uma tensão entre correntes diversas do judaísmo pós-exílico.[19]

1.4. A Festa de Sucot em Dt 16,13-16 e 31,9-13

Dt 16 faz parte das fontes primárias do Deuteronômio. As grandes festas anuais são confirmadas e integradas na nova perspectiva religiosa, em torno da fidelidade à Aliança.

O texto de Dt 16 retoma o nome de Festa de *Sucot* (חַג הַסֻּכֹּת) de Lv 23 como aparecerá no relato de Esd 3,4. A Festa deve ser celebrada *"após ter recolhido o produto da tua eira e do teu lagar"* (v.13) durante sete dias (vv. 13.15), não especificando a partir de que mês. O autor de Dt 16 desconhece o acréscimo do oitavo dia com santa assembleia, como encontramos em Levítico e Números. O texto faz referência ao caráter alegre da festa e a obrigação da participação de todos que moram na cidade indistintamente (filhos, servos, levitas, estrangeiros, órfãos, viúvas...: v. 14). A obrigação de apresentar-se diante do Senhor e a proibição de apresentar-se com mãos vazias são mantidos (vv. 16-17), bem como o clima de alegria familiar e social da festa e a sua centralidade em Jerusalém.

Uma particularidade importante de Dt 16 é a não prescrição de preceitos cultuais, tais como sacrifícios, em direta oposição com Nm 29, que gira somente em torno do aspecto sacrificial da festa. Característica da Tradição Deuteronomista é a ênfase no aspecto coletivo, da comunidade reunida, que se abre também para o estrangeiro, diferente de Lv 23, que é restrito aos israelitas.[20]

---

[18] H. Ulfgard, The Story of Sukkot, 91.
[19] H. Ulfgard, The Story of Sukkot, 91.
[20] H. Ulfgard, The Story of Sukkot, 93; G. W. McRae, "The Meaning and Evolution of the Feast of Tabernacles", 256.

O relato de Dt 31,9-13, possivelmente pós-exílico,[21] apresenta Moisés prescrevendo aos sacerdotes levitas, que transportavam a Arca da Aliança do Senhor e a todos os Anciãos de Israel, a obrigação de apresentarem-se diante do Senhor a cada sete anos durante a Festa de *Sucot* no lugar que Deus escolher, a fim de proclamar a Lei a todo israelita. A finalidade de tal ato é que todos, homens, mulheres, crianças e estrangeiros aprendam e ponham em prática a Lei do Senhor. Tal mandamento será observado em Ne 8, quando Esdras fará a leitura pública da Lei, e se procederá a solenidade da Festa de *Sucot*, com o uso de ramos, construção de cabanas e assembleia solene ao oitavo dia. Contudo, a tradição posterior, contida no livro dos Jubileus e em Qumrã, liga as recordações da Aliança à Festa das Semanas (*Shavuot* = Pentecostes).

Com Dt 31,9-13, o redator deuteronomista leva às últimas consequências a sua perspectiva de centralidade da Lei e Aliança. Nesta perícope Moisés não só falou, mas também "*escreveu... esta Lei*", que deverá ser lida a cada sete anos, durante *Sucot*, com finalidade didática: proclamar, escutar e aprender. O relato de Dt 31,9-13 reflete a consciência israelita cuja identidade social e religiosa restará sempre marcada pela leitura da Torá.

A expressão "*no fim de cada sete anos* – מִקֵּץ שֶׁבַע שָׁנִים" (Dt 31,10) conectada com a Festa de *Sucot* indica um ano-novo, no outono, seguindo a antiga cronologia bíblica, e não na primavera, conforme o posterior calendário babilônico.[22]

1.5. A Festa de Sucot no Pentateuco

No geral, pode-se afirmar que não existe quase nenhum elemento comum entre os diversos relatos a respeito da Festa de *Sucot* (Ex 23; 34; Lv 23; Nm 29 e Dt 16; 31,9-13). Existe apenas uma característica que forma o fio condutor entre estes diversos

---

[21] R. Martin-Achard, "Sukkot", in DBS 72, 44: "Passagem considerada secundária, cuja interpretação... estabelece explicitamente relação entre a Festa de *Sucot* e a leitura da Lei".
[22] H. Ulfgard, The Story of Sukkot, 93.

relatos, com exceção de Nm 29:[23] o caráter agrícola da festa, que permanecerá durante o decorrer dos séculos como um elemento distintivo da Festa de *Sucot*.[24]

As demais características variam de livro para livro do Pentateuco. Quanto à data da festa, os textos do Êxodo apenas especificam "*passagem de ano*" e "*fim do ano*", e os demais textos são concordes em afirmar o "*15º dia do 7º mês*". A duração da festa também varia. Em geral, os textos falam de sete dias mais um, que é o oitavo (Lv 23; Nm 29; Dt 16). Quanto ao nome da festa, também aqui não temos um fio condutor. A obra do Êxodo usa a expressão "*Festa da Colheita*" (חַג הָאָסִף), enquanto Levítico e Deuteronômio preferem a expressão "*Festa de Sucot*" (חַג הַסֻּכּוֹת). Uma particularidade é Lv 23, que junto com a expressão "Festa de *Sucot*" também usa "Festa do Senhor". Tanto Êxodo como Deuteronômio acenam para o fato de que todo homem de Israel deve comparecer três vezes ao ano diante do Senhor portando as melhores primícias, sendo proibido comparecer diante do Senhor de mãos vazias. Os textos de Levítico e Números falam, ainda, de assembleia santa e ofertas de sacrifícios diários. Lv 23 ordena o uso de ramos e habitar em cabanas durante sete dias, como memória da saída do Egito e caminhada do deserto.

Os relatos da Festa de *Sucot*, no Pentateuco, apenas afirmam a obrigação da celebração anual desta festa, junto com as outras duas, Páscoa e Pentecostes, respectivamente. Nos relatos que sucedem o Pentateuco encontraremos a Festa em relação com a vida pública de Israel.

2. A Festa de *Sucot* nos Livros Históricos

2.1. A Festa de Sucot no livro dos Juízes

O livro dos Juízes narra os primórdios do Povo de Israel na Terra Prometida, período que vai de Moisés a Davi. É o tempo

---

[23] Se não levarmos em conta o que o autor deseja transmitir com a expressão "nenhuma obra servil" (Nm 29,12).
[24] R. Martin-Achard, "Sukkot", 43.

marcado pela constituição das doze tribos de Israel, organizadas politicamente em torno da Liga Tribal sob a assistência dos juízes, que eram lideranças populares suscitadas por Deus para responderem as questões internas e externas da jovem nação. Portanto, o relato dos Juízes acentua o período de transição e estabelecimento. Entre os desafios internos da jovem nação encontra-se a relação com os povos que habitavam na terra antes da conquista. Na raiz do Povo Eleito encontra-se um povo nômade, que caminha sob a assistência do Senhor. Na Terra Prometida este povo nômade torna-se sedentário e vinculado à vida agrícola, cuja divindade cananeia era justamente Baal, um deus sedentário protetor das colheitas. Isso gera um impacto sobre o Povo de Israel. Neste contexto, a festas israelitas (*Pessach*, *Shavuot* e *Sucot*) estão vinculadas à vida agrícola. Sob esta perspectiva é que deve ser analisada a Festa de *Sucot* no relato dos Juízes.

Os relatos dos Juízes induziram antigos autores a pensarem que a Festa de *Sucot* possuísse alguma relação com o culto de Dionísio/Baco (Plutarco, *Quæstiones Convivales*,[25] IV,6) ou uma festa em honra de Adônis-Osíris, mas tais hipóteses não possuem consistência segundo Martin-Achard,[26] isto porque a vida cultual de Israel é influenciada em um primeiro momento pela vida cultual de Canaã.

Martin-Achard,[27] no seu artigo sobre a Festa de *Sucot*, comenta a festa a partir de dois momentos distintos: (a) festa cananeia de outono e (b) Tradição Deuteronomista. No primeiro ponto o autor apresenta a existência de uma festa sazonal cananeia ligada à colheita (Jz 9,27). Martin-Achard, partindo da reflexão de Soggin, fala que Jz 21,19-23 faz referência a uma festa realizada anualmente no santuário central de Silo, caracterizada por danças, que Dhorme considera ser uma festa do vinho.[28] McRae argumenta que, "*como duas primeiras festas, Sucot não é uma instituição*

---

[25] Para uma breve apresentação da Festa de Dionísio/Baco, ver R. Martin--Achard, "Sukkot", pp. 45-48.
[26] R. Martin-Achard, "Sukkot", 43.
[27] R. Martin-Achard, "Sukkot", 40-56.
[28] R. Martin-Achard, "Sukkot", 42.

originalmente israelita".[29] Segundo McRae, os israelitas quando entraram em Canaã encontram, entre outros, uma festa nativa, que celebrava o fim da temporada agrícola. Esta festa teria sido adotada e transformada em festa para o Senhor.[30] Kraus, segundo McRae, recusa a possibilidade de que a Festa de *Sucot* tenha surgido a partir da influência cananeia. Kraus procura a real origem de *Sucot* em uma possível Festa da Tenda da Reunião durante o período nômade. Contudo, a relação entre o período nômade e sedentário de Israel não é, ainda, totalmente clara.[31]

2.2. Do Sinai a Sião

O relato da Consagração do Templo de Jerusalém em 1Rs 8 estabelece uma estreita ligação que parte do movimento do Êxodo, passando pela época dos juízes, com o santuário de Silo, até chegar a Sião. O objetivo do autor é demonstrar que o Templo de Jerusalém é o legítimo herdeiro das tradições históricas de Israel por possuir como principal referência a Arca da Aliança, que agora, chegando ao Templo de Jerusalém, chega definitivamente *"ao seu lugar"*. Há aqui um senso de conclusão de todo o movimento do Êxodo e, ao mesmo tempo, um senso de continuidade como povo sacerdotal na Terra Prometida junto com o seu Deus.

2.2.1. Tradição do Deserto

Alguns temas presentes no relato de 1Rs 8 estabelecem um estreito vínculo com a Tradição do Deserto. O autor de 1Rs 8 intencionalmente evoca temas da Tradição do Deserto. Algumas expressões são fortemente carregadas e apontam diretamente para tal contexto. Frisch fala de referências explícitas e implícitas dentro de 1Rs 1-14[32]

---

[29] G. W. McRae, "The Meaning and Evolution of the Feast of Tabernacles", 251 e 259; cf. E. Kutsch, "Sukkot" in EncJud XV, 496.
[30] G. W. McRae, "The Meaning and Evolution of the Feast of Tabernacles", 251.
[31] G. W. McRae, "The Meaning and Evolution of the Feast of Tabernacles", 260.
[32] A. Frisch, "The Exodus Motif in 1 Kings 1-14", in JSOT 87 (2000), 4.

O relato da consagração do Templo de Jerusalém é inserido durante o reinado de Salomão (± 961-922 a.c.). 1Rs 6,1[33] nos informa que as obras do Templo iniciaram no quarto ano do reinado de Salomão, exatamente 480 anos[34] após a saída dos israelitas do Egito (6,1.37), e foram concluídas sete anos após o seu início (v. 37). O redator de 1 Reis intencionalmente vincula o relato do Templo com a Tradição do Êxodo. Este vínculo quer provar que o Templo de Jerusalém é o legítimo herdeiro da Tradição do Deserto, bem como está em perfeita continuidade com esta. Assim como a Tenda do Deserto, junto com a Arca da Aliança e todos os objetos sagrados, manifestava a presença protetora divina do Senhor sobre o povo peregrino no deserto, o Templo representa esta mesma presença divina, agora em modo estável, como conclusão do Êxodo e estabelecimento na Terra Prometida. O Templo surge como a conclusão de todo o movimento de libertação da escravidão no Egito, a caminhada no deserto e a posse da Terra Prometida. O Templo aparece assim como o ápice de todo o processo que se iniciou com a saída do Egito.[35]

[33] Existem muitas divergências entre as versões MT e LXX dos Livros dos Reis, tanto de acréscimos quanto de omissões em ambas as versões, o que nos obriga a ter muita cautela na escolha de uma ou outra versão. Existem vários artigos dedicados a estes problemas, entre eles podemos citar: D. W. Gooding, "Temple specifications: a dispute in logical arrangement between the MT and the LXX", in VT 17 (1967) 143-172. W. M. Schniedewind, "Notes and Observations Textual Criticism and Theological Interpretation: The Pro-Temple Tendenz in the Greek Text of Samuel-Kings", in HTR 87 (1994) 107-116.
[34] G. Galil, "The Chronological Framework of the Deuteronomistic History", in Bib. 85 (2004) 413-421. O autor, partindo de 1Rs 6,1, analisa o problema cronológico relativo aos 480 anos desde a saída dos israelitas do Egito até o início da construção do Templo de Jerusalém. Após descartar as propostas sugeridas para 1Rs 6,1, propõe um esquema seguindo três fases: (1) a cronologia desde o início e o fim do Êxodo até o estabelecimento do Templo; (2) a cronologia do período entre Cushan-rishathaim até a opressão filisteia; (3) a relação entre os dois períodos. Segundo o esquema de Galil, teríamos 40 anos de Moisés no deserto, 40 anos de Josué, 314 do período dos juízes, 40 anos de Samuel, 2 de Saul, 40 anos de Davi e 4 de Salomão.
[35] A. Frisch, "The Exodus Motif in 1 Kings 1-14", 6.

No livro do Êxodo, o Senhor surge como aquele que veio libertar o seu povo da opressão do Egito *"para fazê-lo subir desta terra para uma terra boa e vasta, terra que mana leite e mel"* (Ex 3,8.17). O pedido que deve ser feito ao faraó é que este permita que o povo possa partir pelo caminho de três dias de marcha pelo deserto para sacrificar ao Senhor (Ex 3,18). Após a libertação do Egito, o Canto de Vitória (Ex 15) deixa transparecer que o lugar do sacrifício possa ser o próprio Templo de Jerusalém,[36] quando afirma que os israelitas serão plantados sobre a montanha, lugar da residência do próprio Senhor. Talvez aqui se trate de uma glosa posterior inserida no canto, pois o v. 18 acena para o tema da realeza do Senhor, quando afirma que *"o Senhor reinará para sempre e eternamente"*. Em todo caso, a referência aos 480 anos desde a saída do Egito é "um marco temporal"[37] cuja função é estabelecer conexão entre os dois eventos, ou seja, o serviço ao Senhor no Monte Sinai e no Templo de Jerusalém[38] presente em Ex 3,12 *"quando fizeres sair do Egito, vós servireis a Deus nesta montanha"*. A referência à montanha é prenúncio de Jerusalém. O texto do Êxodo falará mais adiante durante o canto de vitória: *"Tu os conduzirás e plantarás sobre a montanha,... lugar onde fizeste,... a tua residência, santuário... o Senhor reinará para sempre e eternamente"* (Ex 15,17-18). Contudo, pode-se perguntar se o local onde Israel servirá ao Senhor é Silo ou Jerusalém, tendo em vista que, quando os israelitas entraram na Terra Prometida, eles estabeleceram a Tenda da Reunião com a Arca da Aliança em Silo. Lá esta permaneceu até que Davi a transladou para a "sua cidade", ou seja, Sião, a Cidade de Davi (1Rs 8; 2Sm 5,4.6ss; 6,1ss). Mas devemos levar em consideração que é sempre e a mesma Terra Prometida, não sendo um problema *a priori* o lugar no qual se encontra.

No relato de 1Rs 8, o autor narra que *"Salomão e todo o Israel com ele e toda a comunidade de Israel... sacrificaram diante*

---

[36] Ex 15,17-18: "Tu os conduzirás e plantarás sobre a montanha, a tua herança, lugar onde fizeste, oh Iahweh, a tua residência, santuário, Senhor, que as tuas mãos prepararam. Iahweh reinará para sempre e eternamente".
[37] A. Frisch, "The Exodus Motif in 1 Kings 1-14", 6.
[38] A. Frisch, "The Exodus Motif in 1 Kings 1-14", 6.

da Arca". Isto nos chama a atenção, se considerarmos que o rito da oferta de sacrifícios cabe aos sacerdotes e não ao "homem comum". Porém, podemos levar em consideração o relato da Aliança em Ex 19, no qual encontramos a passagem em que o Senhor estabelece que através da Aliança os israelitas tornar-se-ão um reino de sacerdotes, uma nação santa (Ex 19,6). Podemos conceber que o ato de sacrificar presente em 1Rs 8,5 quer manifestar esta realeza sacerdotal, confirmando a Aliança estabelecida com o Senhor. Por outro lado, sendo uma nação sacerdotal, em estrito senso, não haveria a necessidade de uma casta sacerdotal, pois todos se ocupariam da função exclusiva dos sacerdotes. Além disso, deve-se sublinhar que Israel, desde a sua origem nômade no deserto, foi acompanhado por uma casta sacerdotal responsável pelo serviço cultual do Senhor. Leva-se em conta que, em Ex 5,1, Moisés pede permissão ao Faraó para conduzir o povo ao deserto para "celebrar uma festa" para o Senhor.

Outro dado que podemos verificar é que, em Ex 19, Moisés é o líder e faz-se mediador entre o Senhor e o Povo de Israel durante o estabelecimento da Aliança. No relato da Consagração do Templo, é o próprio Salomão, claro no seu papel de rei, que convoca, sacrifica, junto com o povo, reconhece e afirma a presença divina e faz as orações e súplicas. Podemos dizer que Salomão assume as prerrogativas de Moisés como guia do povo e mediador entre Deus e os israelitas. Por outro lado, podemos perguntar: caberia ao rei a função de abençoar? Anteriormente já acenamos para o exercício sacerdotal do povo e aqui mais claramente do rei. Os textos bíblicos, no entanto, demonstram o rei exercendo a função sacerdotal dentro do "seu" templo, como podemos perceber na crítica de Amós ao santuário de Betel e a resposta de Jeroboão proibindo aquele de profetizar em Betel, por se tratar de um santuário do rei e templo do reino (Am 7,13).

2.2.2. Tradição de Silo

Após a entrada na Terra Prometida, a Arca, a Tenda e os objetos sagrados foram estabelecidos em Silo, que se tornará o santuário central de Israel (Js 18,1).³⁹ Após a conquista da Terra Prometida, a sua divisão entre as doze tribos de Israel se deu justamente em Silo, à entrada da Tenda da Reunião, na presença do Senhor (Js 18,1–19,51). A Tradição de Silo está ligada diretamente à do deserto quanto à vida cultual dos israelitas. Silo, durante o período pré-monárquico, abarca e reelabora as tradições nômades do deserto, como da Tenda (Js 18,1; 19,51b; 22,19.29; 1Sm 2,22b; Sl 78,60.67), da Arca da Aliança (1Sm 3,3; 4,4-6; 14,18), do sacerdócio de Aarão (Js 19,51b; 21,1-2; 22,12-13.30-32; 24,33; 1Sm 1-4), do altar (Js 22,9-34) e do *ephod* (1Sm 14,3).

Os livros de 1 Samuel e Juízes fazem referências a uma festa anual celebrada em Silo, que segundo De Vaux trata-se justamente da Festa de *Sucot*.⁴⁰ A referência de ambos os livros é de uma festa agrícola e alegre, em que, possivelmente, alguns chegavam a embriagar-se com o vinho novo, como se pode sentir no diálogo entre Ana e Eli em 1Sm 1,14-15. Segundo o livro dos Juízes, a festa era acompanhada por danças e existia alguma tradição, possivelmente de Canaã, de os rapazes raptarem moças para casamento, como no relato do rapto de moças de Silo pelos benjaminitas (Jz 21,19-21). Quanto ao nome da festa, o autor sagrado apenas faz referência a uma anual celebrada em honra do Senhor,

---

[39] D. G. Schley, Shiloh, A Biblical City in Tradition and History, JSOTs 63, Sheffield Academic Press 1989, 94-97. A centralidade do santuário de Silo em período pré-monárquico é tema de debate entre os exegetas. O problema central é quanto à possibilidade de uma centralização de culto em período pré-monárquico. O status de santuário central implicaria uma centralização do culto ou seria uma retroprojeção da centralização cultual de Josias? O debate gira em torno de duas posições: (a) a centralização cultual é uma realidade tardia na vida cultual de Israel (Wette, Vatke, Graf e Wellhausen); (b) a centralização cultual é um fenômeno mais antigo em Israel, que pode remontar ao período pré-monárquico, tendo em vista que a Tradição Sacerdotal (P) possui tradições das origens de Israel (Delitzsch, Kleinert, Kaufmann). Noth por sua vez aponta que a Arca da Aliança é a referência para uma "centralização" cultual já em período pré-monárquico.

[40] R. De Vaux, Instituições de Israel no Antigo Testamento, Ed. Teológica e Paulus, São Paulo 2003, 532.

chamada apenas de Festa do Senhor (Jz 21,19). Além da dança das moças nos vinhais, o livro de 1 Samuel faz menção à oferta de sacrifícios e de ceia com comidas e bebidas, que gerava embriaguez (1Sm 1,13).

Os textos sagrados expressam um profundo silêncio sobre a vida cultual de Israel durante o período de Silo. Temos referências às tradições do deserto, mas não se sabe muito da prática cultual. Encontramos somente referência a esta Festa anual dedicada ao Senhor. Não existe unanimidade entre os exegetas a respeito desta festa anual celebrada em honra do Senhor. De Vaux afirma que as descrições feitas em Jz 21,19 e 1Sm 1,3 correspondem de fato à Festa de *Sucot* em sua origem,[41] enquanto Schley, seguindo Hengstenberg,[42] acredita tratar-se da Festa da Páscoa.[43] Contudo, a maioria dos exegetas, assim como De Vaux, tendem a identificar a expressão "Festa do Senhor" em Jz 21,19 e 1Sm 1,3 com a Festa de *Sucot*.[44]

O texto de Jz 21,19 possui algumas particularidades que nos chamam a atenção. Em primeiro lugar o fato de fazer uma referência a uma determinada festa, que parece não fazer parte da tradição comum de Israel. Este fato levou alguns autores a suspeitar ainda de que, na origem, se tratasse de alguma festa de Canaã, que foi assumida pela tradição cultual de Israel. Mowinckel e Volz partem do pressuposto de que a festa do ano-novo babilônico tenha influenciado a vida cultual de Israel. Contudo, o Antigo Testamento não faz nenhuma menção à celebração de alguma festa de ano-novo. A Festa de *Sucot*, mesmo possuindo um cunho agrícola, próprio da sua origem, como gratidão ao Senhor pela colheita obtida e súplica pelo próximo ano agrícola, jamais se configurou como sendo uma festa de ano-novo aos moldes do Antigo Oriente e, em particular, dentro da tradição cultual de Canaã, que celebrava a morte e renascimento de Baal através

---

[41] R. De Vaux, Instituições de Israel no Antigo Testamento, 531.
[42] D. G. Schley, Shiloh, A Biblical City in Tradition and History, 22.
[43] D. G. Schley, Shiloh, A Biblical City in Tradition and History, 194.
[44] R. De Vaux, Instituições de Israel no Antigo Testamento, 531; R. Vicent, La Festa Ebraica delle Capanne (Sukkot), 22.

dos ciclos da natureza. Há uma diferença dizer, de um lado, que a vida cultual de Israel absorveu traços de vida cultual de Canaã e, do outro, que Israel assumiu a vida cultual de Canaã na sua totalidade, com uma nova roupagem.[45] Além do mais, Pedersen e Hvidberg defendem a ideia de que o esquema de vida e morte de uma divindade, como Baal, jamais fez parte do credo israelita, que tinha no Senhor tanto o Deus libertador da escravidão do Egito quanto o criador do céu e da terra. Uma concepção cíclica das coisas não fazia parte da fé de Israel, que via Deus criando, libertando e conduzindo a história para um *continuum* e não para um eterno retorno.[46]

O texto de 1Sm 1-3 não nos permite identificar com precisão com qual festa o autor relaciona a peregrinação anual de Elcana e Ana. Alguns traços apresentados nos permitem evidenciar, indiretamente, as origens da Festa de *Sucot*. A primeira característica é uma possível embriaguez de vinho por parte de Ana (1Sm 1,13-14). Para alguns exegetas (Kennedy, Mowinckel, Bourke e de Vaux), a peregrinação anual seria a Festa das Colheitas em suas raízes, como descrito no código legal de Ex 34,18-24; 23,15-17. O segundo ponto de vista, defendido por Budde, apresenta uma notável interpretação. O autor defende a ideia de que Silo tenha sido um santuário local de Elcana como um sufita (1Sm 1,1) antes da sua família migrar para Ramá. Por isso, anualmente, Elcana e sua família faziam uma peregrinação a Silo para celebrar a Festa das Colheitas. A última hipótese, defendida por Haran, é de que a festa descrita em 1Sm 1 não é nacional como um todo, mas familiar, privada; para isso, alega que não aparece no texto a palavra "חַג / *hag*", que identificaria uma festa israelita.[47]

Independente dos pontos de vista diferentes, se pode verificar uma Festa celebrada em relação ao santuário de Silo que continha a Arca da Aliança e a Tenda do Deserto. Não sabemos como foi

---

[45] A Bentzen, "The Cultic use of the Story of the Ark in Samuel", in JBL 67 (1948) 38-39.
[46] A Bentzen, "The Cultic use of the Story of the Ark in Samuel", 38-39.
[47] J. T. Willis, "Cultic elements in the story of Samuel's birth and dedication", in ST 26 (1972) 57.

a vida cultual ou festiva do período do deserto e como esta foi vivida durante o período de Silo. Diante disto, abrem-se duas possibilidades: a primeira seria que os hebreus, ao entrarem na Terra Prometida, trouxeram alguma celebração do deserto e esta sofreu influência das tradições de Canaã; a segunda seria que os hebreus receberam de Canaã as tradições festivas/cultuais adequando-as à sua religiosidade. Em todo caso, nota-se pela tradição bíblica que, tendo ou não surgido as festas de Israel de Canaã, estas possuíam características próprias.

2.2.3. Os primórdios da monarquia

Após a conquista da Terra Prometida e a divisão desta nas doze tribos de Israel, tais comunidades passaram a ser regidas por regime de lideranças carismáticas e pelos chefes de famílias. As lideranças carismáticas surgiam espontaneamente e respondiam a necessidades emergentes das comunidades, como o perigo de uma invasão e guerra. Claro que tal sistema governativo trazia problemas sociais, pois tornava as tribos de Israel vulneráveis em relação aos outros povos, bem como não permitia um desenvolvimento econômico e urbanístico ao modelo dos seus vizinhos, que possuíam sistema monárquico de governo. A ascensão de Saul surge dentro dessa perspectiva. Contudo, Israel deveria afrontar outro problema: qual era o legítimo Rei de Israel, o Senhor ou um rei escolhido para tal função. No caso, podemos dizer que um rei em Israel, obrigatoriamente, deveria reconhecer o senhorio do Senhor Deus para poder governar. Se partirmos da possibilidade de que poderia ser um membro das doze tribos quem assumiria a função de governo na terra tendo o Senhor como único rei, ainda assim restaria outro problema: o monarca escolhido traria prestígio e poder para si e para a sua tribo em detrimento das demais tribos. A solução viável para resolver tais questões vem da função sacerdotal, que reservara para si o poder de eleger ou depor um rei, "segundo a vontade do Senhor", de tal modo que o poder de unção era também o poder sobre o soberano (1Sm 15,1-2).

Assim será o procedimento para com Saul, que surge como um líder na linha carismática de Israel e também como um rei escolhido pelo Senhor e legitimado pela casta sacerdotal. Um bom modo para escolher, segundo a vontade do Senhor, sem criar problemas entre as demais tribos, é sem dúvida um sorteio, como acontecerá na escolha de Saul.[48] Porém, como explicar que Saul foi escolhido espontaneamente através de sorteio (1Sm 10,20-24), sendo que ele já havia sido sagrado rei por Samuel em 1Sm 9,16-10,1? O governo de Saul é bem-sucedido em campanhas militares, defesa de Israel e demais funções a ele atribuídas (1Sm 14,47-52). O que irá depor contra Saul será justamente o seu negar submeter-se ao poder sacerdotal, que será concebido como um opor-se à vontade do Senhor, como se pode verificar nos confrontos entre Saul e Samuel (1Sm 13-14). De fato, Samuel acusa Saul de infidelidade ao Senhor: "*Samuel... disse...: Fica quieto... Por que não obedeceste ao Senhor?... Saul respondeu...: Obedeci ao Senhor!... (Samuel:) Porque rejeitaste a palavra do Senhor, ele te rejeitou: não és mais rei!*" (1Sm 15,16-23), mesmo com a afirmação de Saul de ter obedecido à vontade do Senhor.

A importância sacerdotal se imporá novamente na escolha e unção de Davi como rei. O relato apresenta certas discrepâncias que criam um pouco de dificuldade para sua compreensão. Em primeiro lugar Davi é apresentado como o filho mais novo da família de Jessé, cuja função é pastorear o rebanho. Logo em seguida, Davi aparece dentro da corte de Saul como comandante militar conduzindo uma campanha, já sendo ele ungido rei de Israel. Em outros momentos Davi aparece como um serviçal do palácio que toca para tranquilizar Saul. As mãos de um comandante militar treinado para conduzir batalhas e possuir boa empunhadura de espada não combinam com as mãos delicadas de um servo do palácio que toca lira. Sobre este argumento, Cohen afirma categoricamente que a função de *nose'-kelim* não tinha ligação alguma com a de músico, mesmo sendo difícil determinar o que seria tal função.[49] Por outro lado, sendo Davi já ungido rei sobre Israel,

---

[48] 1Sm 10,17-27; sistema simplificado de sorteio que será utilizado em outros momentos para resolver situações diversas como em Js 7,14-18.
[49] M.A. Cohen, "The Role of the Shilonite Priesthood", in HUCA 36 (1965) 77.

como pode ele estar servindo de comandante militar e tocador de lira para Saul? Apesar de todas estas dificuldades presentes no relato da sucessão de Saul por Davi, o nosso ponto preciso é justamente o papel desempenhado pela casta sacerdotal nesta sucessão. Na eleição e unção de Davi não se tirou a sorte como acontecera com Saul e como era de esperar. Samuel vai a Belém até a casa de Jessé segundo a ordem do Senhor e unge Davi (1Sm 16 + 2Sm 5,1ss). Os textos apresentam uma segunda tradição sobre a unção de Davi em 2Sm 2 na qual ele é ungido rei sobre a casa de Judá. Tal relato se apresenta mais coerente com os relatos das campanhas militares e sucessos alcançados por Davi, que o levariam ao trono de Israel. Contudo, na "segunda" unção de Davi não se faz referência à função sacerdotal; encontramos somente descrito que *"vieram os homens de Judá e ali ungiram a Davi rei sobre a casa de Judá"* (2Sm 2,4). Leve-se em conta, ainda, que Davi, agindo como um excelente comandante militar, ainda está, segundo a tradição tribal, dentro da linha dos grandes líderes carismáticos que serviram a Israel.

Nos relatos da unção de Saul e de Davi sobressai a importância de Saul e do santuário de Silo. Este santuário cumpre um importante papel no estabelecimento da monarquia em Israel, como já foi observado brevemente.

No relato da sucessão ao trono de Saul por Davi, podemos dizer que o que está em jogo é a proeminência sacerdotal do santuário de Silo. Tendo Saul procurado governar desconsiderando a importância sacerdotal, teria perdido o suporte principal de relação para com o povo e com a divindade, no caso, o Senhor. Por outro lado, a casta sacerdotal não tinha a menor intenção de perder o seu prestígio, principalmente por serem os sacerdotes os porta-vozes em nome do Senhor. Não tendo o apoio de Saul, é evidente que o clero silonita usou suas forças em prol de um sucessor que garantisse a proeminência sacerdotal sobre Israel. Por outro lado, a aliança entre Davi e a casta sacerdotal de Silo concede ao primeiro o apoio necessário de que precisa para a subida ao trono.

Posteriormente, Davi procura desligar-se de tudo aquilo que o tinha favorecido a fim de chegar ao trono. O reinado de Davi evidencia um constante esforço para conter a influência das antigas instituições de Israel e entre elas o sacerdócio silonita. De fato, uma das medidas de Davi será transferir o santuário de Silo, representado pela Arca e seus objetos, para a Cidade de Davi, sob o seu controle, com a direção de Sadoc (2Sm 8,17-18; 20,23-26; 1Cr 18,14-17; 1Rs 4,1-6). Desta forma, o próprio santuário de Silo entrará em declínio com a perda da sua importância e por não conter mais os objetos sagrados, que marcavam a identidade religiosa e cultural de Israel.[50]

Silo, sem dúvida, foi o principal santuário de Israel durante o período pré-monárquico. Tendo servido como um santuário anfiteísta central (caso tenha existido tal ideia de anfiteísmo em Israel), foi proeminente por abrigar a Tenda e a Arca da Aliança. Uma das principais funções deste santuário foi assegurar uma unidade tribal de Israel junto com outra importante instituição chamada de "anciãos de Israel" (זִקְנֵי יִשְׂרָאֵל), que eram os líderes tribais. Em síntese, o sacerdócio de Silo e os anciãos de Israel foram capazes de, durante muito tempo, assegurar a unidade e a autonomia tribal e uma relativa segurança das doze tribos de Israel durante o período pré-monárquico.[51] Também foram importantes pelo seu papel no nascimento da monarquia de Israel.

2.3. A Festa de Sucot em 1Rs 8

1Rs 8 apresenta a solenidade da Consagração do Templo de Jerusalém por Salomão. O texto é sugestivo pela sua intrigante relação entre a consagração do Templo de Jerusalém e a Festa de *Sucot* e, ainda, pelo fato de abarcar diversas tradições de Israel anteriores ao exílio. O autor de 1 Reis, de fato, foi capaz de reunir diversas tradições, elaborando-as de tal modo que o capítulo se apresenta como uma obra-prima literária.

---

[50] M. A. Cohen, "The role of the Shilonite Priesthood", 87-91. Cohen apresenta uma síntese sobre a questão monárquica e a importância de Sadoc, legitimado pelo rei, em detrimento a Abiatar, que possuía poder hereditário e reconhecimento popular.

[51] M. A. Cohen, "The Role of the Shilonite Priesthood", 62-63.

Em 1Rs 8 a solenidade não é denominada objetivamente como Festa de Sucot, mas apenas com o nome que lhe será característico no seu aspecto máximo, ou seja, "A Festa" (הֶחָג). Este fato indica a importância adquirida pela "solenidade do sétimo mês"[52] e o seu caráter popular.[53] Um fato que nos chama a atenção é a menção aos anciãos da casa de Israel e aos sacerdotes. Salomão reúne duas instituições, que representavam a antiga instituição de Israel, ou seja, a liga tribal. Tal fato procura não só exaltar estas antigas instituições, mas também fortalecer o próprio monarca e a estabilidade do seu reino. Talvez possamos dizer que é um verdadeiro jogo diplomático, no qual Salomão legitima o seu trono. Ao mesmo tempo, tais instituições são confirmadas, porém, sob o poder do monarca reinante.

No conjunto, temos diversas tradições que se encontram: a Arca em relação à Tenda, os querubins, os objetos sagrados, o sacerdócio, os anciãos de Israel, que nos remetem às tradições do deserto e às tradições da época dos juízes e sua relação com o santuário de Silo.

A obra de 1Rs 8, como um todo, é alvo de calorosos debates entre os estudiosos sobre sua composição e estrutura.

2.3.1. O relato de 1Rs 8

Esse capítulo possui 66 versículos divididos em três seções e está em estreita relação com 2Cr 5-7. Os três momentos se apresentam como um "sanduíche", no qual os relatos da convocação, do translado da Arca e dos sacrifícios no início (vv. 1-13) e dos novos sacrifícios e do envio ao final da solenidade (vv. 62-66) são entremeados pela grande oração de súplica ao Senhor feita por Salomão (vv. 14-61).

A seção 1Rs 8,1-13 é composta pela convocação, por parte de Salomão, de todo o Israel; pelo translado da Arca da Aliança

---

[52] A expressão "Solenidade do Sétimo Mês" será usada em referência a Festa de Sucot no pós-exílio a partir do novo calendário adotado por Israel.
[53] R. Vicent, La Festa Ebraica delle Capanne (Sukkot), 61.

e todos os seus pertences, da Cidade de Davi para o Templo de Jerusalém; pela oferta de sacrifícios; pela celebração da festa; e pela exclamação de júbilo feita por Salomão diante da presença da Glória do Senhor através da nuvem que invade o Templo. Por sua vez, a seção 1Rs 8,62-66 retoma os sacrifícios, após a "grande oração" de Salomão (1Rs 8,14-61). O autor, novamente, afirma que, naquela ocasião, o rei celebrou "*a festa*", com grande assembleia diante do Senhor durante sete dias e mais sete, e ao oitavo dia despediu o povo, que volta para as suas casas "*alegres e de coração contente*".

Diversos autores[54] apontam para o paralelo entre o translado da Arca da Aliança do Senhor, da Cidade de Davi para Jerusalém por Salomão e o relato do translado da mesma Arca da Aliança de Cariat-Iarim (ou Baala = antigo nome) para a Cidade de Davi (2Sm 4-6). Os paralelos se apresentam pelo translado da Arca, o clima de festa, a Arca que é depositada "*no seu lugar*", no meio da tenda armada por Davi, a oferta de sacrifícios na presença do Senhor, Davi que abençoa o povo e, ao final, o povo se retira cada qual para sua casa. O relato de 1Rs 8 contém duas adicionais características, que é a "Glória do Senhor" (vv. 10-11), que está relacionada à dedicação da Tenda da Reunião de Ex 40, e a chamada Oração de Dedicação (vv.12-13),[55] que não parece se tratar de uma oração, mas sim uma exclamação de reconhecimento pelos feitos do Senhor. 1Rs 8 possui paralelo, também, com a dedicação do Segundo Templo, conforme o relato de Esd 6,16-18 e 1Esd 5,47ss.[56]

Apesar da dificuldade de crítica textual presente em 1Rs 8,2, como já observado antes, as referências ao temas da convocação, do sacrifício, da data, do oitavo dia e do clima de alegria nos permitem identificar "a Festa"[57] com a Festa de *Sucot*.

A data, mês de Etanim, segue o antigo calendário cananeu entre setembro-outubro, anterior ao exílio. O relato está em

---

[54] J. A. Montgomery, The Book of Kings, ICC, 185; B. O. Long, 1Kings, 96-97.
[55] B. O. Long, 1Kings, 97.
[56] J. A. Montgomery, The Book of Kings, 185.
[57] 1Rs 8,2.65; 12,32; Ez 45,25; Ne 8,14; 2Cr 5,3; 7,8.

paralelo com Lv 23, em que o Senhor ordena a Moisés a obrigação de observar a Festa das Tendas: "No décimo quinto dia deste sétimo mês haverá, durante sete dias, a Festa das Tendas (חַג הַסֻּכּוֹת) para o Senhor. No primeiro dia, dia de santa assembleia... durante sete dias apresentareis oferenda queimada ao Senhor. No oitavo dia haverá santa assembleia... é lei perpétua" (Lv 23,34-36.39-41). Em relação a 1Rs 8, encontramos referência ao sétimo mês, à santa assembleia, ao oitavo dia, à apresentação de ofertas e ao fato de estar "diante do Senhor" (v. 65). O relato difere quanto ao nome. Em Lv 23 encontramos a denominação de Festa de *Sucot* e em 1Rs 8 é denominada apenas como "a Festa" (vv. 2.65). Não encontramos em 1Rs 8 a obrigatoriedade da construção de tendas como prescrito em Lv 23, nem referência ao fim das colheitas e apresentação das ofertas.

O motivo da Arca presente nos vv. 1-11 não só ajuda a estabelecer um elo de unidade e continuidade entre o Templo e a Tradição do Êxodo, mas condensa todo o itinerário da presença do Senhor, em meio ao seu povo do Sinai a Sião. De fato, como veremos mais adiante, a Arca acompanhou o povo de Israel até a entrada na Terra Prometida: durante a época dos Juízes esteve presente no santuário de Silo, foi transladada posteriormente por Davi para Sião, diante dela, Salomão apresentou sacrifícios (1Rs 3,15) e, agora, é estabelecida *"no seu lugar"* de modo definitivo. Estabelecer a Arca *"no seu lugar"* no Templo significa a conclusão da entrada, posse da Terra Prometida e legitimação do novo santuário.[58]

Uma particularidade presente em 1Rs 8,62-66 é que o tempo, o espaço e o culto são dilatados. Enquanto na primeira parte (vv. 1-13) o autor apresenta o rei Salomão e todo o Israel sacrificando, diante da Arca, ovelhas e bois em quantidade tal que não se podia contar nem calcular, agora nos é relatado que Salomão imolou para o sacrifício vinte e dois mil bois e cento e vinte mil ovelhas, que o altar de bronze não pode conter o holocausto por ser pequeno demais para tal ato (vv. 63-64). Quanto ao espaço da solenidade, este também é alargado. Enquanto em 8,1-13

---

[58] R. Vicent, La Festa Ebraica delle Capanne (Sukkot), 62.

todo o Israel está junto com o rei, agora nos é dito que a grande assembleia se estende "*desde a Entrada de Emat até a Torrente do Egito*" (v. 65). Quanto ao tempo, nos é dito em 8,2 que todos os homens de Israel se reuniram junto do rei Salomão durante a festa, realizaram a procissão de translado da Arca, ofereceram sacrifícios; agora nos é dito que a festa durou sete, mais sete, e o povo foi despedido ao oitavo dia. Alguns estudiosos tendem a ver este alargamento temporal como uma glosa posterior. Talvez se trate de um alargamento intencional com a finalidade de demonstrar a grandiosidade temporal, espacial e cultual da solenidade, se tomarmos em consideração os três elementos acima. 2Cr 5-7 tende a harmonizar a situação afirmando que Salomão teria consagrado o Templo na primeira semana e celebrado a Festa de *Sucot* na segunda, com a comum conclusão ao oitavo. Em todo caso, fica uma possível explicação para o alargamento temporal de 1Rs 8,65.

2.4. A Festa de Sucot no período pré-exílico

A Festa de *Sucot* é um inextricável entrelaçamento de questões sobre a sua origem e natureza, e não só sua mas também da vida cultual de Israel. Todas as teorias, no entanto, são concordes em considerar a antiga festa outonal como a principal festa cultual. Nenhuma teoria ignora o aspecto agrícola da festa e nenhuma teoria concebe a colheita como a essência da celebração.[59]

Quanto à origem e natureza da festa, os exegetas aludem às teorias da Festa de Entronização e da Festa de Renovação da Aliança.

A Festa de Entronização foi proposta por Mowinckel. Para ele, tratava-se, em sua origem, de uma festa outonal que celebrava o ano-novo com a entronização do Senhor segundo os moldes babilônicos de guerra entre as forças do bem e do mal, através do processo de vida e morte de Marduk, que dramatizava o sistema cíclico da natureza, na chamada Festa de Akitu. Mowinckel baseia os seus estudos nos chamados Salmos de Entronização do

---

[59] J. L. Rubenstein, The History of Sukkot ..., 24-25.

Senhor.⁶⁰ Segundo Mowinckel, ainda, o centro do festival envolvia a procissão com a Arca da Aliança, dramatizando a entronização do Senhor, no qual o rei israelita, como representante do Senhor na terra, tinha um importante papel. A solenidade previa, ainda, a aclamação do Senhor como Rei, e o toque do chofar e das trombetas indicavam a sua coroação. As tochas de fogo recordavam a criação do mundo e o equinócio outonal, com perdão, purificação, reconsagração do templo, festas, danças e sacrifícios. A entronização do Senhor asseguraria o revigoramento da natureza. Por isso, a festa incluía elementos agrícolas, bem como da fertilidade com o rito da libação de água e a procissão dos ramos.⁶¹ Em união com *Yom Kippur* e *Rosh Hashana*, *Sucot* expressava, ainda, o credo de Israel advindo da Aliança estabelecida entre Deus e Israel.

    A segunda teoria, que parte da crítica das formas, que privilegia a tradição legal de Israel, encontrando a origem de *Sucot* na celebração da renovação da Aliança, procura reconstruir as bases fundamentais de Israel. Dt 31,10-13, retornando a Moisés, determina que a renovação da Aliança aconteça a cada sete anos, justamente durante a solenidade de *Sucot*. O caráter agrícola de *Sucot* presente no Pentateuco representaria um segundo estágio no desenvolvimento da festa.

    O Período Pré-Exílico é marcadamente regido pelo calendário solar, com o ano-novo no equinócio de outono, ou seja, durante o mês de Etanim (calendário cananeu), que corresponde ao sétimo mês do calendário pós-exílico. O período pós-exílico assistirá a uma mudança radical do calendário, ao assumir o calendário lunissolar, passando o ano-novo do equinócio de outono para o equinócio de primavera (14 de Nissan). Dessa forma, a Festa de *Pessach* passará a ser vinculada ao início do ano-novo e gozará de maior prestígio, atenuando a importância da Festa de *Sucot*.

    As antigas fontes bíblicas não usavam o nome de Festa de *Sucot* para esta solenidade. Os textos legislativos de Ex 23,16 e

---

[60]   J. L. Rubenstein, The History of Sukkot..., 21-22.
[61]   J. L. Rubenstein, The History of Sukkot..., 21-22.

34,22, de fontes javista e eloísta (JE), simplesmente denominavam a festa de outono como "Festa da Colheita" (חַג הָאָסִף). Ex 23 ordena celebrar a festa *"no fim do ano"*, enquanto Ex 34 põe o festival *"na passagem do ano"*. A expressão "colheita" provavelmente se refere ao final da safra anual.

Partindo do seu caráter agrícola, a Festa de *Sucot* é considerada por muitos estudiosos como sendo de origem cananeia, que entrou no bojo cultural-religioso com a tomada israelita de posse das terras de Canaã. Os livros dos Juízes e 1 e 2 Samuel deixam transparecer essa aculturação, principalmente através da Tradição de Silo, com a presença nesta da Arca, e as referências de festas ou procissões anuais realizadas em "honra do Senhor" (Jz 9,27; 21,19ss).[62] Segundo McRae, *Sucot* nunca foi originariamente uma instituição israelita, assim como *Pessach* e *Shavuot*.[63] Martin-Achard apresenta a teoria de Kraus, segundo a qual existia uma Festa de *Sucot* durante o período nômade do deserto, partindo da profecia de Os 12,10.[64] Independente disso, *Sucot* é uma festa ligada ao ciclo sazonal da terra, que apesar das mudanças no decorrer da história jamais perdeu o seu caráter agrícola.[65]

Dt 16,13 ordena celebrar a festa *"após ter recolhido o produto da tua eira e do teu lagar"*, porém, agora, usando o nome de Festa de *Sucot* (חַג הַסֻּכֹּת). Este fato levou alguns estudiosos a pensar que o termo "tabernáculo" pudesse referir-se ao uso de tendas pelos agricultores, no campo, durante o tempo da colheita, celebrando-se a festa ali mesmo. Mas tal teoria não é universalmente aceita. Outros preferem ligar o uso de tenda ao fato da peregrinação anual ao Templo de Jerusalém. O autor deuteronomista enfatiza o caráter festivo e alegre, bem como a abertura a todas as pessoas, incluindo também os estrangeiros.

---

[62] G. W. McRae, "The Meaning and Evolution of the Feast of Tabernacles", 251; R. Martin-Achard, "Sukkot", 43.
[63] G. W. McRae, "The Meaning and Evolution of the Feast of Tabernacles", 251.
[64] R. Martin-Achard, "Sukkot", 43.
[65] R. Martin-Achard, "Sukkot", 43.

O texto de Dt 31,10-13 sugere que *Sucot* é uma festa proeminente e era a principal festa de peregrinação. Contudo, o texto de Dt 31 possui traços pós-exílicos. Lv 23,33-44 e Nm 29,12-34 apresentam a mais detalhada legislação referente à Festa de *Sucot*. Os textos datam a solenidade a partir do décimo quinto dia do sétimo mês e com uma duração de sete dias, sendo que o texto de Levítico acrescenta um oitavo dia com santa assembleia e proibição de trabalhos. O texto de Levítico recomenda ainda a obrigação de habitar em cabanas durante sete dias em memória perpétua dos israelitas, que habitaram em cabanas no deserto quando saíram do Egito, bem como o uso de frutos formosos, ramos de palmeiras, ramos de árvores frondosas e de salgueiros das ribeiras a fim de regozijar-se diante do Senhor durante sete dias. Contudo, Levítico faz parte da tradição pós-exílica; por isso propõe a historização da Festa de *Sucot* como a festa da memória dos quarenta anos pelo deserto.

O relato sacerdotal (P) de Números se restringe ao aspecto sacrificial da festa com uma dimensão puramente cultual e direcionada ao Templo, excluindo por completo o aspecto popular da Festa de *Sucot*.

Em relação à solenidade da consagração do Templo de Jerusalém, encontramos a referência à festa em 1Rs 8,2.65, que o autor deuteronomista simplesmente denomina a solenidade do mês de Etanim (o sétimo mês, segundo o antigo calendário cananeu), chamando-a de "A Festa" (הֶחָג). Porém, permanece uma questão em aberto: por que o autor deuteronomista não explicitou claramente o nome da festa do sétimo mês? Outro relato semelhante será o de Ez 45,25 onde o autor narra *"no sétimo mês, no décimo quinto dia do mês, por ocasião da festa..."*. Os dois relatos põem em evidência a celebração da festa outonal, que provavelmente era a festa por excelência durante o Período Pré-Exílico.[66] Por outro lado, o autor evidencia a consagração do Templo e não a Festa de *Sucot*. De qualquer maneira, o autor deuteronomista apresenta *Sucot* como uma festa direcionada ao Templo e à vida cultual deste.

---

[66] H. Ulfgard, The Story of Sukkot, 100.

A importância do relato de 1Rs 8 está no estreito vínculo que se estabelece entre a Festa de *Sucot* e o Templo. O autor deuteronomista, engenhosamente, resgatou as antigas tradições de Israel demonstrando que o Templo de Jerusalém e a sua Consagração são o ápice e a conclusão de todo o processo do Êxodo. O Êxodo havia começado com a libertação do Egito, passado pelo deserto, conquistado a Terra Prometida, finalizando, agora, com a solenidade da consagração. Assim, a consagração do Templo de Jerusalém é o coroamento de todo este movimento, bem como o elo de continuidade que se seguirá na história israelita.

Nesse sentido, o resgate das tradições relacionadas ao Templo e à Festa de *Sucot* nos permitiu ter uma visão ampla de todo o processo e da mensagem que o autor deuteronomista desejou transmitir. Claro que a questão entre a consagração do Templo e a celebração da Festa de *Sucot* permanece aberta. Em geral, os estudiosos acreditam que a referência ao sétimo mês seja uma glosa baseada no relato de 2Cr 2-5, e que a consagração do Templo e a celebração da Festa de *Sucot* sejam dois eventos separados, como sugere o relato de 2 Crônicas. Talvez Salomão quisesse aproveitar a ocasião da grande peregrinação anual para realizar a consagração do Templo. De qualquer maneira, o relacionamento entre os dois eventos foi estabelecido no decorrer da história de Israel. Assim, a Festa de *Sucot* passou a tornar presente a solenidade da consagração do Templo, bem como permitia estabelecer um vínculo de unidade entre cada israelita e a fé de Israel, representada pela Arca, presente no Templo, morada escolhida pelo Senhor. Por outro lado, a celebração de *Sucot* tornava popular a vida cultual do Templo e estabelecia um caráter alegre e festivo entre o Senhor e Israel.

Os traços da Festa de *Sucot* em 1Rs 8 estão em consonância com os relatos de Lv 23 e Dt 16 e 31. A solenidade em 1Rs 8, como expresso acima, é uma festa orientada para o Templo com a concentração no dado cultual, marcado pelos ritos de palmas e habitação em cabanas. O autor deuteronomista procura expressar toda a sua ideologia através do contexto de historização e centralidade do Templo e da Aliança. Este esforço do autor pode ser percebido no relato da nuvem e da glória do Senhor (evocando a Tenda do Deserto com a Arca da Aliança e a presença divina – *Shekinah*). Outro importante elemento é a reunião de todo o Israel na presença do Senhor como um povo sacerdotal, que no relato do Êxodo é chamado a fazer o caminho de três dias para sacrificar ao Senhor (Ex 3,19). Esse povo sacerdotal, conforme a Aliança, habita na Terra Prometida e agora se reúne diante da casa, que o Senhor escolheu para morar, a fim de lhe prestar culto e sacrifícios.

A importância do relacionamento entre Templo e *Sucot* pode ser notada na necessidade de Jeroboão estabelecer uma festa também em Betel (1Rs 12,32), com medo de que o povo se rebelasse contra ele e se unisse a Roboão. Aqui, no caso, encontramos um motivo político.

As designações "A Festa" ou "Festa do [para o] Senhor" indicam a importância alcançada por *Sucot*, confirmada pelos relatos de Salomão e de Jeroboão.

Todo esse processo e todas as tradições de Israel serão resgatados e reelaborados durante o pós-exílio por diversas correntes, umas divergentes e outras convergentes, que configurarão o judaísmo do Segundo Templo.

2

A FESTA DE *SUCOT* DURANTE O PERÍODO DO SEGUNDO TEMPLO

O exílio na Babilônia, em 587 a.c., representou para Israel uma ruptura histórica. Todas as suas instituições sofreram um impacto violento. Pode-se dizer que praticamente quase nada restou. Da população, que girava em torno de 250 mil habitantes, restou algo em torno de 20 mil.[1] A elite e membros da corte já haviam sido conduzidos ao exílio na Babilônia em 597 a.C., durante a primeira deportação.[2] Na terra, praticamente permaneceu uma pequena porção do povo. Jerusalém, como outras cidades, foi praticamente arrasada.[3] Com toda a elite removida para o exílio, Judá entrou em um clima de desolação, e um vácuo recobriu o país. Os poucos remanescentes de Judá ficaram completamente abandonados e sem nenhuma referência ou segurança (Jr 14,17-19).

---

[1] J. Bright, História de Israel, Paulinas, São Paulo 1978, 465.
[2] J. M. Myers, Ezra. Nehemiah, Doubleday & Company, New York 1965.
[3] Um dos problemas a serem enfrentados pelos repatriados será justamente a reconstrução da cidade Jerusalém. Nota-se que geograficamente a cidade de Jerusalém não goza de muito favor. A cidade não possui cursos d'água ou lençóis freáticos que permitam a irrigação do solo para o plantio ou manutenção urbana. Por outro lado, a cidade era fora das rotas comerciais. Jerusalém reunia todos os fatores para ser um grande fracasso e ter logo desaparecido, caso não fosse a identidade judaica simbolizada no Templo, que elevou Jerusalém a tornar-se uma referência espiritual para as três grandes religiões monoteístas (judaísmo, cristianismo e islamismo). De fato, será a referência espiritual do Templo que permitirá o renascimento de Jerusalém no pós-exílio.

A teologia do Nome proposto pela Tradição Deuteronomista tinha procurado dar um novo significado à presença de Deus no meio do seu povo.[4] A Aliança entre Deus e o seu Povo Eleito era vinculada ao conceito de obediência à Lei. Portanto, não era simplesmente eterna e incondicional.[5] A reforma de Josias manifestou o fato de que a presença divina não garante imunidade diante do perigo. Antes, a desobediência do Povo Eleito foi causa do seu fracasso, como narra o livro das Lamentações. Os assaltos babilônicos sobre Jerusalém, respectivamente em 597 e 586 a.C., destruíram definitivamente o mito de cidade inviolável.[6]

Salomão anunciava durante as preces da consagração do Templo de Jerusalém um estar voltado em direção ao/ou estar no Templo: "*Quando Israel, teu povo, for vencido diante do inimigo, por haver pecado contra ti, se ele se converter, louvar teu Nome, orar e suplicar a ti neste Templo, escuta no céu, perdoa o pecado de Israel, teu povo, e reconduze-os à terra que deste a seus pais*" (1Rs 8,33-34). Jeremias toma uma perspectiva diferente. O profeta parece desconsiderar a possibilidade de algum Templo:[7] "*Quando se completarem, para a Babilônia, setenta anos eu vos visitarei... vós me invocareis, vireis e rezareis a mim, e eu vos escutarei. Vós me procurareis e me encontrareis... eu me deixarei encontrar por vós...*" (Jr 29,10-13).

Ezequiel, por um lado, também exilado, narra como os pecados de Israel, e principalmente a profanação do culto e do Templo, são as causas da derrocada e exílio do Povo Eleito:

---

[4] R. E. Clements, God and Temple, 100.
[5] R. E. Clements, God and Temple, 100; L. Nereparampil, "Biblical Symbolism of the Temple", in JDharma 9 (1984) 161-174: "Quando começamos a refletir sobre o simbolismo do Templo, a primeira ideia que vem em nossa mente é que o Templo é um sinal da Aliança. Tal como a Arca e a Tenda do Encontro relembram o antigo Israel de sua Aliança com o Senhor. Assim, a verdadeira razão de ser do Templo trouxe à mente das gerações posteriores em Israel o fato da Aliança e sua relação com o seu Deus".
[6] R. E. Clements, God and Temple, 100.
[7] R. E. Clements, God and Temple, 102.

"Ah, Senhor Deus, destruirás todo o resto de Israel, derramando o teu furor sobre Jerusalém?" A isto ele me disse: "A maldade da casa de Israel e de Judá é enorme; a terra está cheia de sangue e a cidade cheia de perversidade. Com efeito, eles dizem: o Senhor abandonou a terra, o Senhor não está vendo. Eis por que também não lhes mostro olhar de compaixão nem os pouparei. Antes farei cair sobre suas cabeças os frutos do seu comportamento" (Ez 9,8-10).

As abominações cometidas por Israel provocam a retirada da Presença do Senhor de Jerusalém (Ez 10,18ss), ou seja, a *Shekinah* divina abandona Jerusalém e o seu Templo. Em 1 Reis, Salomão constrói dois grandes querubins que simbolizam o trono de Deus, cuja Arca da Aliança cumpria a função de escabelo de Deus (1Rs 6,23-30/Ex 25,10-22). Ezequiel retoma a imagem dos querubins. Porém, agora estes assumem a função de uma carruagem que conduz a Glória do Deus de Israel[8] para a "montanha que ficava para o oriente" (Ez 11,22-23). Enquanto o Povo Eleito vai para o exílio da Babilônia: "*afastei-os para longe entre as nações, espalhei-os por terras estrangeiras, mas,... tenho sido para eles um santuário, nas terras para as quais eles se mudaram*" (Ez 11,16). Ezequiel é o profeta da restauração e da esperança, e a principal característica desta esperança é que o Senhor Deus, por meio da presença da sua glória, retornará e novamente fará morada em Jerusalém.[9] Leva-se em conta, no entanto, que o tema da Glória do Senhor que acompanha o povo durante o exílio tem a função de legitimar os exilados como o verdadeiro povo de Deus, em nítido confronto com os remanescentes na Terra Prometida, que evocavam

---

[8] Enquanto a Literatura Deuteronomista fala da "presença do Senhor" através da "Teologia do Nome", Ezequiel fala em termos de "Glória do Senhor". R. E. Clements, God and Temple, 104-107. A Glória de Deus como real presença divina será retomada posteriormente pelo Evangelho de São João, com a finalidade de apresentar Jesus como a real presença de Deus (cf. Jo 1,14; 14,8-10).
[9] R. E. Clements, God and Temple, 107.

o fato de não terem sido exilados por não terem sido infiéis à Aliança. Este, de fato, será um problema do pós-exílio: qual é o verdadeiro povo de Deus fiel à Aliança, os remanescentes ou os repatriados?

O Dêutero-Isaías, por outro lado, via o Senhor Deus libertando o seu povo e restaurando-os na própria terra como sinal da sua divina realeza. Além disso, a realeza divina não se restringia ao Povo Eleito de Israel, mas se abria a uma dimensão universal. O autor empresta ideias e imagens da Festa de *Sucot* como referência para a descrição da restauração de Jerusalém, sendo a reconstrução do Templo o ponto focal para os repatriados e o próprio Templo o local para onde afluirão os povos da terra em peregrinação ao encontro com Deus.[10]

Os exilados que retornam para Jerusalém, em 538 a.C., encontram uma cidade destruída e praticamente sem condições de ser reconstruída. A preocupação inicial dos repatriados foi criar meios de subsistência em Jerusalém, que pela sua posição geográfica não era por nada apropriada para tal iniciativa.

Podemos afirmar com segurança que nada será como antes, mesmo a vida cultual sofrerá mudanças radicais. Os dois pilares principais nos quais se baseavam a comunidade pré-exílica, ou seja, a Aliança e a Realeza, tinham sido desacreditados. Os profetas exílicos e pós-exílicos procuram resgatar a razão de ser do Trono de Davi e do lugar escolhido pelo Senhor para a sua morada.

Os repatriados acreditavam que o Senhor os havia castigado, mas que não os havia abandonado. Esta esperança permitirá, ao judaísmo do Segundo Templo, erguer-se e recomeçar após o tempo do castigo. Além disso, o programa de restauração proposto por Ezequiel (Ez 40–48) mostrava o caminho a ser seguido, e a exortação do Dêutero-Isaías dava os pontos de urgências para os repatriados.[11]

---

[10] R. E. Clements, God and Temple, 108.
[11] R. E. Clements, God and Temple, 109. Não podemos dizer com certeza qual foi a influência de Ezequiel e do Dêutero-Isaías dentro da comuni-

O judaísmo do Segundo Templo será fortemente influenciado pela estrita observância da Lei. Este fato acaba sendo o elemento comum para a comunidade da restauração. Contudo, diversas correntes se chocam ao propor o modo pelo qual a Lei deverá ser observada. Cada corrente reivindica para si o conceito de fidelidade à Lei do Senhor e este processo se estenderá no decorrer dos séculos. Poderemos sentir esta tensão, por exemplo, na época de Jesus, quando os chamados "partidos"[12] se arrogam, cada qual, o título de fiel observador da Lei do Senhor. Por outro lado, o conceito de presença divina em Jerusalém (*Shekinah*) girava em torno do conceito do "nome do Senhor" na linha deuteronomista e de "Glória do Senhor" dentro da literatura sacerdotal. Os autores deuteronomistas tinham dificuldade de conceber uma morada terrena para o Senhor, "*pois a sua morada é nos céus*". Assim, o Templo de Jerusalém é o lugar da morada do "Nome do Senhor". Os autores sacerdotais privilegiam a "presença da Glória do Senhor"[13] e com isto a "Tenda" como lugar da presença divina. A nuvem assume um importante papel nesta manifestação/teofania da presença real do Senhor no meio do seu povo. Através do tema da "Nuvem da Glória do Senhor" os autores sacerdotais conseguem conciliar a questão entre morada celeste e terrestre.

Dentro de todo este universo em transformação do Segundo Templo encontramos a vida cultual de Israel. A centralidade da

---

dade restaurada. Contudo, elas apontam caminhos pelos quais deveriam seguir os repatriados.

[12] Partidos é o nome dado por Flávio Josefo aos diversos grupos dentro do judaísmo do Segundo Templo. Assim, encontraremos denominações como partido dos saduceus, dos essênios, dos zelotas, dos fariseus etc.

[13] L. Nereparampil, "Biblical Symbolism of the Temple", 166-167: "Esta presença de Deus se expressa através da... *Shekinah*. Esta palavra deriva do verbo hebraico *shakan*, que significa 'morar' não apenas 'presença'... Assim se diz que Deus mora no Templo. Isto implica da parte de Deus uma presença ativa... Deus está presente no Templo através da sua *Shekinah*. Isto significa que Ele é ativo no Templo... Contudo, sua presença não é confinada ao Templo. Ele é, assim, livre para estar presente em qualquer lugar".

Lei e do monoteísmo absoluto, em contraste com as novas experiências, marca progressivamente a identidade cultual do período do Segundo Templo. Deste processo de transformação a Festa de *Sucot* não passará ilesa. A Festa de *Sucot* sofrerá mudanças substanciais seja quanto à sua liturgia, seja quanto à sua teologia. As tensões entre as diversas correntes também se fará sentir na nova compreensão desta festa. Por outro lado, meio século de exílio criou um *vacuum* dentro da vida cultual de Israel. O judaísmo restaurado do Segundo Templo restabelecerá a sua vida cultual principalmente a partir daquilo que o Pentateuco recomenda e não da experiência anteriormente vivida[14] (Ne 8,14ss).

A tensão entre as diversas correntes dentro da Jerusalém pós--exílica se pode sentir, por exemplo, na compreensão da Festa de *Sucot*, em textos como Esd 3, Ne 8 e Zc 14. De fato, em Ne 8,13-18, a comunidade reunida em torno de Esdras para o estudo da Lei encontra a passagem segundo a qual *"os filhos de Israel deveriam morar em cabanas durante a festa do sétimo mês"* e assim é anunciado por todas as cidades a necessidade de observar tal prescrição. Por outro lado, temos uma compreensão totalmente diversa a respeito da Festa de *Sucot* no relato de Esd 3, que aponta a celebração para a dimensão sacrificial do Templo. Posteriormente a profecia de Zacarias anunciará a solenidade da Festa de *Sucot* dos tempos escatológicos. A restauração do culto não trouxe, no entanto, uma imediata ativação da Festa de *Sucot* em todo o seu esplendor. A solenidade do Segundo Templo renasce a partir deste *vacuum* deixado pelo exílio da Babilônia.[15]

1. A Festa de *Sucot* em Zc 14

O livro da profecia de Zacarias é sem dúvida, segundo a maioria dos estudiosos, um livro composto e que, no geral,

---

[14] J. L. Rubenstein, The History of Sukkot..., 34.
[15] J. L. Rubenstein, The History of Sukkot..., 34.

pode ser dividido em duas partes, habitualmente chamadas de primeiro (1–8) e segundo Zacarias (9–14).[16] A data da composição é um tanto complexa.[17] Cazelles parte da hipótese de que a composição final de Zacarias seja durante o período grego, entre os anos 332-300.[18] Dentro desta perspectiva, os estudiosos apontam para o chamado Dêutero-Zacarias, influência de outras obras como o próprio Primo-Zacarias, Joel e Is 24–27.[19] Childs argumenta que os capítulos 9–14 foram redigidos por autores diferentes daqueles da primeira parte (1–8) e numa data muito posterior, que pode ter circulado independente desta. Isto significa que, de acordo com Childs, o Dêutero-Zacarias não foi intencionalmente elaborado com base no primeiro. Porém, surpreende a compatibilidade entre as duas unidades.[20] A primeira parte (1–8) põe a esperança na reconstrução do Templo de Jerusalém como início de uma nova era. O profeta procura descrever esta nova era que deve surgir, mas a sua compreensão só se torna clara com a inclusão de Zc 9–14, na qual são descritos, em detalhes, os contornos de uma

---

[16] H. Cazelles, Introduction à la Bible - Introduction Critique à l'Ancien Testament, t. II, Desclée, Paris: 1973, 470.
[17] H. Cazelles, Introduction Critique à l'Ancien Testament, 474.
[18] H. Cazelles, Introduction Critique à l'Ancien Testament, 474-475: "Resta agora o período grego, especialmente os anos de 332-300... De fato, 9,1-8 se situa bem com o início da conquista de Alexandre, O Grande; 9,11-12".
[19] P. L. Reddit, "Israel's Shepherds: Hope and Pessimism in Zachariah 9–14", in CBQ 51 (1989) 631-632: "Um estudo da redação de Zacarias 9–14 pode ter início com as conclusões de Brevard Childs, segundo o qual as duas principais seções de Zacarias (cap. 1–8 e 9–14) foram redigidos independentes uma da outra". B. S. Childs, Introduction to the Old Testament as Scripture, SCM Press, London 1979, 482; H. Cazelles, Introduction Critique à l'Ancien Testament, 472.
[20] B. S. Childs, Introduction to the Old Testament as Scripture, 482-483. O autor acredita que ambos os textos foram elaborados e circulavam independente um do outro, sendo que o Dêutero-Zacarias teria surgido em época bem posterior ao primeiro. Os textos foram reunidos posteriormente e apresentam uma sequência lógica, da qual o autor passa a apresentar alguns exemplos.

nova escatologia, não somente como esperança, mas também como parte da presente história.[21] Em particular o capítulo 14 forma um caleidoscópio de imagens da nova era e da realeza do Senhor (Zc 14,9). Significativa é a tradicional linguagem do segundo êxodo, e o tema do "fim" é apresentado dentro de uma visão apocalíptica.[22]

A estrutura do Dêutero-Zacarias ainda é alvo de discussão, em geral têm sido aceitas as propostas de Lamarche[23] e de Gaide,[24] que apresentam uma estrutura quiástica para o Dêutero-

---

[21] B. S. Childs, Introduction to the Old Testament as Scripture, 483; K. R. Schaefer, "Zechariah 14 and the Composition of the Book of Zechariah", 392-393.

[22] B. S. Childs, Introduction to the Old Testament as Scripture, 484. A visão apocalíptica, segundo Childs, "é caracterizada pela mais nítida polaridade possível entre a destruição das cósmicas forças do mal (14,2; cf. Ez 38–39; Jl 4) e a completa transformação da nova Jerusalém, que é preenchida pela "água da vida" (14,8) e pela santidade de Deus (14,20ss)".

[23] P. Lamarche, Zacharie IX-XIV, Structure Littéraire et Messianisme, EB, Paris 1961, 112-115. O autor apresenta um esquema que se desenvolve em forma de quiasmo e, dentro do quiasmo, paralelismo: (A) as nações: 9,1-8; 14,16-21; (B) os ídolos e os falsos profetas: 10,2-3b; 13,2-6; (C) guerra e vitória de Israel: 9,11–10,1; 10,3b–11,3; 12,1-9; 14,1-15; (D) Rei e Pastor: 9,9-10; 11,4-17; 12,10–13,1; 13,7-9. K. R. Schaefer, "The ending of the Book of Zechariah; a Commentary", 167.

[24] G. Gaide, Jérusalem, voici ton Toi, Lection Divina 49, Du Cerf, Paris 1968, 22-23: "A obra de Zacarias (Zc 9–14) se desenvolve em quatro ciclos. Cada um deles, à exceção do primeiro, é disposto segundo certa simetria determinada pela alternância entre curtos poemas e longos cantos netamente em prosa [...]. Primeiro ciclo: oráculos sobre as cidades arameias, fenícias e filisteias (9,1-8), seguido do poema em honra ao rei de Sião (9,9-10). Segundo ciclo: dois oráculos de saudação (9,11-17 e 10,3-12) emolduram um poema didático contra as idolatrias, indicando a causa dos presentes males (10,1-2). Terceiro ciclo: uma alegoria em prosa (11,4-16), emoldurada por dois pequenos poemas em verso (uma lamentação: 11,1-3 e uma maldição: 11,7), que especificam os males anunciados pela alegoria. Quarto ciclo: dois oráculos em prosa (12,1–13,6 e 14,1-21), separados por um poema que condensa as principais ideias expressas pelos oráculos (13,7-9)".

-Zacarias. Quanto ao conteúdo, Cazelles apresenta uma proposta de divisão em seções.[25] Será de nosso interesse aprofundar de modo particular o capítulo 14, onde nos é apresentada a Festa de *Sucot*. Lamarche propõe uma divisão interna do capítulo em duas seções. A primeira seção (vv.1-15) é estruturada em forma de paralelismo, cujo centro é a frase "*e haverá um único dia*" (v.7a), tendo início o paralelismo com a frase "*eis que vem o dia do Senhor*" e conclusão com a frase "*e acontecerá naquele dia*". Toda a primeira seção (vv. 1-15) gira em torno do tema do "Dia do Senhor".[26] A segunda seção (vv. 16-21) é composta de duas estrofes (vv.16-19 e 20-21). A primeira estrofe (vv.16-19) descreve o "resto" das nações e é caracterizada pela dupla referência ao Rei, o Senhor dos Exércitos, em relação com a Festa de *Sucot*. A segunda estrofe (vv. 20-21) é emoldurada pela expressão "*naquele dia*" e é caracterizada pela dupla referência a "*consagrado ao Senhor*".[27]

Dentro do conjunto da obra, Zc 14 também apresenta problemas de datação. Ulfgard sugere a composição de Zc 14 ao final do terceiro século, durante o período da dominação ptolomaica e selêucida, ou, ainda, durante o período macabaico-asmoneu.[28] A característica apocalíptica do capítulo, junto com o tema do "Dia do Senhor" e a noção de "soberania do Senhor", leva Schaefer a datar a obra como sendo de um tardo pós-exílio, talvez durante a ascensão do helenismo entre o final do quarto e início do terceiro século. Schaefer alega que uma data diferente desta é impensável.[29]

---

[25] H. Cazelles, Introduction Critique à l'Ancien Testament, 470-472: "9,1-8: Purificação dos povo vizinhos; 9,9-10: Messias humilde e pobre; 9,11-17: Liberação dos prisioneiros em vitorioso combate; 10,1-2: Deus sozinho realiza a salvação; 10,3-11,3: Novo Êxodo; 11,14-17 + 13,7-9: O Pastor rejeitado; 12,1–13,6: Entrega, conversão e purificação; 14: Instauração definitiva da realeza do Senhor".
[26] P. Lamarche, Zacharie IX-XIV, 98-101.
[27] P. Lamarche, Zacharie IX-XIV, 102-103.
[28] H. Ulfgard, The Story of Sukkot, 150.
[29] K. R. Schaefer, "The ending of the Book of Zechariah; a Commentary", in RB 100 (1993) 165-167; P. D. Hanson, The Dawn of Apocalyptic,

Quanto aos temas presentes em Zc 14, Weyde[30] sintetiza os principais pontos de vista apresentados por estudiosos, que afrontaram tal capítulo. O primeiro deles é Mowinckel.[31] Para este autor, o motivo central da anual festa de outono era celebrar a realeza do Senhor como testemunhado nos chamados Salmos de Entronização. Nesse sentido o "Dia do Senhor" surge como uma experiência de legitimação de Israel sobre os demais povos e de esperança, apesar de sua situação atual de submissão externa e de corrupções internas das instituições de Israel.[32] O segundo é Rubenstein, que argumenta que existiam grupos que não podiam participar do culto do Templo por causa da sua hostilidade com a instituição sacerdotal ali presente, ou que estavam decepcionados com a atual situação do culto. Assim visualizavam um Templo restaurado com uma legítima instituição sacerdotal, no qual *Sucot* surge, por sua excelência, como o culto do Templo.[33] Schaefer por sua vez afirma que *Sucot*, durante o período do Segundo Templo, havia assumido um caráter escatológico.[34] O artigo de Schaefer será contestado por Rubenstein, que alega que *Sucot* era, sim, a festa por excelência do período do Segundo Templo, a Festa do Templo, mas que não possuía uma conotação escatológica.[35] Ulfgard indaga o porquê de *Su-*

Fortress, Philadelphia 1975, 287-292. K. W. Weyde, The Appointed Festivals of YHWH, Mohr Siebeck, Tübingen 2004, 211. R. Vicent, La Festa Ebraica delle Capanne (Sukkot), 74.

[30] K. W. Weyde, The Appointed Festivals of Yhwh, Mohr Siebeck, Tübingen 2004.

[31] O autor analisa os chamados salmos de entronização de Iahweh e sua relação com a vida cultual de Israel. S. Mowinckel, The Psalms in Israel's Worship, Oxford 1962.

[32] K. W. Weyde, The Appointed Festivals of Yhwh, 212.

[33] K. W. Weyde, The Appointed Festivals of Yhwh, 212.

[34] O autor descreve sete pontos pelos quais acredita que *Sucot* possuía um caráter escatológico durante o período do Segundo Templo. K. R. Schaefer, "The Ending of the Book of Zechariah", 225-231.

[35] K. W. Weyde, The Appointed Festivals of Yhwh, 212-213; J. L. Rubenstein, The History of Sukkot..., 49-50; J. L. Rubenstein, "Sukkot, Eschatology and Zechariah 14", 163ss.

cot em Zc 14. Para ele, o universal reconhecimento da realeza do Senhor é concretizado na imagem da peregrinação dos gentios para Jerusalém. O foco da terceira festa de peregrinação deve ser entendido em oposição ao pano de fundo da ideologia bíblica, em que conecta a ideia da divina realeza do Senhor com o culto da sua real presença em Jerusalém, e particularmente na inauguração deste culto celebrado em *Sucot*. Contudo, tal argumento não responde por que em Zc 14 estão incluídos na peregrinação os gentios e por que esta perspectiva universal é relacionada com *Sucot*.[36]

A tradicional linguagem marcial entrelaçada às ações do Senhor no "Dia do Senhor" toma, em Zc 14, uma nova dimensão.[37] Em Zc 14, o "Dia do Senhor" é emoldurado na Festa de *Sucot*, possivelmente porque esta tinha passado a ser a Festa por excelência durante o período do Segundo Templo.[38] Weyde acredita que o motivo da peregrinação universal está relacionado com a Festa de *Sucot* por causa do "motivo da guerra" e pelo "motivo da descrição positiva das nações".[39] Quanto ao motivo da guerra, Weyde, partindo das pesquisas de Mettinger, aponta os chamados Salmos de Sião, nos quais as nações se levantam em batalha contra Jerusalém e o Senhor, no seu poder e realeza, derrota e submete tais nações, manifestando a sua realeza sobre elas. Contudo, os sobreviventes da batalha recebem permissão e, bem mais que uma permissão, são obrigados a peregrinar a Jerusalém uma vez ao ano para celebrar a Festa de *Sucot*. Esta permissão de os gentios peregrinarem para Jerusalém para celebrar esta festa é chamada por Weyde como "positiva descrição das nações". O autor se baseia nas profecias de Is 2,2-4; 56,3ss; 60; 66,21; Mq 4,1-4 e Zc 8,20, nas quais as nações, nos tempos escatológicos, subirão a Jerusalém a fim de reconhecerem a realeza e a soberania

---

[36] H. Ulfgard, The Story of Sukkot, 146.151; K. W. Weyde, The Appointed Festivals of Yhwh, 213.
[37] K. W. Weyde, The Appointed Festivals of Yhwh, 225.
[38] K. W. Weyde, The Appointed Festivals of Yhwh, 226.
[39] K. W. Weyde, The Appointed Festivals of Yhwh, 226-227.

do Senhor, que se manifesta em toda a sua Glória sobre o Monte Sião.[40] Zc 14 prova ser um estágio tardio de uma longa tradição histórica no desenvolvimento desses motivos ao relatar o reconhecimento universal do Senhor como rei nos dias vindouros durante a celebração de *Sucot*. Esta conexão pode fortalecer a concepção de que os Salmos de Entronização faziam parte da festa. Esta localização dos Salmos, contudo, também tem uma ligação com 1Rs 8,41-42, no sentido de que os gentios virão a Jerusalém para cultuar o Senhor durante a Festa de *Sucot*. A referência a esta solenidade em Zc 14 estabelece, então, continuidade entre o culto do Primeiro Templo e o do Segundo Templo.[41]

Zacarias 14 descreve uma batalha na qual as nações tomam de assalto Jerusalém e a destroem. Deus surge em campo como um guerreiro divino com sua milícia celeste e triunfa sobre as forças inimigas (14,3-5). Após a vitória, Deus restaura a cidade estabelecendo-a em segurança. Jerusalém se torna, agora, ponto de convergência de todas as nações, que anualmente devem peregrinar até ela para celebrar a Festa de *Sucot*. O motivo da peregrinação anual é reconhecer a realeza do Senhor dos Exércitos, cultuando-o durante a Festa de *Sucot* em Jerusalém. O não peregrinar a Jerusalém resulta na penalização com a falta de chuva, condição necessária para manter a colheita.[42]

Ulfgard nota que *Sucot* em Zc 14 é a única menção explícita a esta festa em toda a literatura profética.[43] Segundo Rubenstein, o profeta concebe *Sucot* como a principal festa do Segundo Templo, no qual a não peregrinação anual para a festa é concebida como uma rebelião contra Deus, sendo punido com a falta de chuva. De fato, na solenidade de *Sucot*, o culto do Templo tinha atingido o seu ápice, como povo fiel que celebra o seu Senhor.[44] A

---

[40] K. W. Weyde, The Appointed Festivals of Yhwh, 227-228.
[41] K. W. Weyde, The Appointed Festivals of Yhwh, 228-229.
[42] J. L. Rubenstein, The History of Sukkot, 45-46. K. W. Weyde, The Appointed Festivals of YHWH, 210.
[43] H. Ulfgard, The Story of Sukkot, 146.
[44] H. Ulfgard, The Story of Sukkot, 46.

exaltação da festa sugere que, no tempo do autor, o Templo gozava de uma próspera vida cultual. A comunidade tinha superado as dificuldades iniciais, mas ao mesmo tempo enfrentava a dificuldade de uma instituição corrupta do Templo, levando a uma profunda crise, a tal ponto que somente uma intervenção divina seria o único meio possível de restaurar a instituição sacerdotal e purificar o Templo.[45] O caráter apocalíptico de Zc 14 origina-se do desespero do autor em não encontrar um meio de mudança para a forte e corrupta instituição do Templo. Assim, a destruição anunciada pelo autor de Zc 14 resulta de um julgamento divino da atual instituição.[46]

A primeira parte de Zc 14 começa com o anúncio do Dia do Senhor. O autor se refere basicamente ao "Dia do Senhor" explicitando-o diretamente uma única vez no primeiro versículo ou referindo-se a ele com a expressão "naquele dia" (vv. 4.6.8.9.13.20.21) que, note-se, aparece sete vezes.[47] Contudo, a referência ao "Dia do Senhor" serve de abertura e conclusão de todo o capítulo, o que concede a este uma estrutura homogênea. Além do mais, a constante referência ao Dia do Senhor que deve vir introduz o capítulo em uma perspectiva escatológica.[48] Frequentemente o tema do "Dia do Senhor" se refere a uma intervenção divina, que pode ser futura, mais na linha apocalíptica, ou imediata, mais na linha profética. Habitualmente o "Dia do Senhor" está relacionado com um julgamento e punição divina tanto dos gentios quanto do próprio Israel. Mas ao mesmo tempo o "Dia do Senhor" evoca um novo início descrito com traços paradisíacos.

O "Dia do Senhor" em Zc 14,1-3 aparece em tons marciais,[49] como indicam as palavras: despojos, combate, saques, tomadas

---

[45] H. Ulfgard, The Story of Sukkot, 47.
[46] H. Ulfgard, The Story of Sukkot, 47.
[47] Segundo Schaefer, a setenária expressão "naquele dia" quer evocar os dias da criação do relato de Gn 1,1–2,4 e os dias da Festa de *Sucot*. K. R. Schaefer, "The Ending of the Book of Zechariah", 180.
[48] K. R. Schaefer, "The Ending of the Book of Zechariah", 168.
[49] K. R. Schaefer, "The Ending of the Book of Zechariah", 170.

de assalto, deportação e eliminação. O próprio Senhor surge aqui entrando em batalha contra as nações inimigas. O tema do combate contra Jerusalém[50] e contra os inimigos desta estão presentes em Zc 14 e em Sf 3.[51]

O Senhor Deus em Zc 14, num primeiro momento, alia-se aos gentios em batalha contra Jerusalém (v. 2) e, posteriormente, Ele se levanta, em batalha, contra estas nações gentias (v. 3). O v. 2 deixa entender que as nações gentias serão usadas como instrumento nas mãos de Deus com a função de castigar Israel por sua conduta e após executarem tal função estas nações terão que combater diretamente contra o Senhor Deus (v. 3), que as vencerá.

Seguindo o relato de Zc 14, os vv. 4-5 apresentam o Senhor de pé sobre o Monte das Oliveiras diante de Jerusalém, dividindo o Monte em duas partes e fazendo surgir entre elas um grande vale. A partir disto, o profeta anuncia a vinda do Senhor junto com os "santos". A descrição do Senhor de pé sobre o Monte das Oliveiras possui um contexto teofânico, seguindo-se, como efeito desta manifestação, a divisão do Monte das Oliveiras em duas partes. A imagem, segundo Schaefer, nos sugere a imagem de Is 13,13-14, em que o Senhor se manifesta de modo tremendo em toda a sua ira.[52]

A referência ao Monte das Oliveiras e que este se encontra no oriente evoca, ainda, um contexto marcial e ao mesmo tempo

---

[50] O tema do combate contra Jerusalém aparece também em Is 10,5-12; 29,1-8; 63,10; Jr 4-6; 21,3-7; Ez 24,3-14. Em tais textos o Senhor aparece se aliando com nações gentias contra Jerusalém.

[51] Ambos os textos apresentam o Senhor como Rei que vem morar no meio do seu povo, e falam do Dia do Senhor e a referência "naquele dia". Outra particularidade entre os textos é a menção aos povos da terra que poderão cultuar ao Senhor, após serem vencidos por Ele. O tema da reconstrução de Jerusalém é comum a ambos os textos. Zacarias e Sofonias se referem ao tema da festa. Contudo, em Zc 14 o profeta refere-se, explicitamente, à Festa de *Sucot*, enquanto Sf 3 apenas faz uma menção a uma "festa" que não nos permite individuar a qual se refira e, ao mesmo tempo, está dentro do contexto do retorno dos dispersos.

[52] K. R. Schaefer, "The Ending of the Book of Zechariah", 180.

nos remete a Ez 11 e 43. Em Ez 11,22-23, que relata a Glória do Senhor que deixa Jerusalém e pousa sobre o Monte que está no oriente (ou no leste) desta, e em Ez 43,2-3, é apresentado o retorno da Glória do Senhor para o Templo de Jerusalém.[53]

Zc 14,6-9 evoca o tema paradisíaco do Gênesis,[54] em que o tempo cronológico desaparece e o clima assume um padrão ameno. Ainda no relato do Gênesis, o caos é transformado e ordenado pelo Senhor, fazendo surgir uma nova realidade totalmente nova e oposta à anterior. A ação divina leva a uma transformação radical da ordem cósmica, não permanecendo apenas na ordem marcial de guerra entre povos. Além disso, o texto nos remete ao relato de Noé, em que, após o dilúvio, o Senhor promete que jamais destruirá a terra sob as águas e que, "*enquanto durar a terra, semeadura e colheita, frio e calor, verão e inverno, dia e noite não hão de faltar*" (Gn 8,22). A vida paradisíaca assume um padrão regular e agradável, no qual o homem pode viver em paz. A ideia de um mundo sem trevas também é encontrada em Is 60,19-10,[55] onde o profeta anuncia que "*não terá mais o sol como luz do dia, nem o clarão da lua te iluminará, porque o Senhor será tua luz para sempre, e teu Deus será teu esplendor. Teu sol não voltará a pôr-se, e tua lua não minguará, porque o Senhor te servirá de luz eterna, e os dias do teu luto cessarão*" (Is 60,19-20). A mesma ideia reaparece novamente no anúncio da Nova Jerusalém em Ap 21–22. O clímax paradisíaco do relato se faz sentir com a menção da água viva, que jorra de Jerusalém em direção ao oriente e ao ocidente.

A ideia do clima paradisíaco se intensifica com a afirmação da realeza do Senhor (...*o Senhor será rei*...) e com a afirmação do monoteísmo absoluto (...*o Senhor será o único e o seu Nome o único*...). Através desta afirmação temos a total exclusão da idolatria e a reafirmação, ou talvez possamos dizer o ápice da Lei judaica, dentro do relato de Dt 6,4-10, no qual Moisés anuncia:

---

[53] K. R. Schaefer, "The Ending of the Book of Zechariah", 181.
[54] K. R. Schaefer, "The Ending of the Book of Zechariah", 189-190.
[55] K. R. Schaefer, "The Ending of the Book of Zechariah", 194.

"*Ouve, ó Israel: o Senhor nosso Deus é o único Senhor...*". O Deuteronômio, quando anuncia que "o Senhor é o nosso Deus e que é único", expressa uma íntima relação entre Deus e Israel. No contexto escatológico de Zc 14, o Senhor agora é manifestado como único Deus e Senhor de todos os povos.[56] Schaefer discute se Zc 14 pode ser compreendido como uma afirmação da unicidade do Senhor, no sentido da total negação de alguma entidade, ou se o Senhor deve ser compreendido como superior a qualquer outra divindade (Dt 32,8). Contudo, dentro da perspectiva de Zc 14, todas as nações são destinadas a cultuar o Senhor em Jerusalém. Portanto, a possibilidade de reconhecimento de alguma outra divindade é excluída.[57] Além disso, o reconhecimento do Senhor como único Deus do universo por todos os povos é uma característica própria dos tempos escatológicos.

A afirmação de que o Senhor é Rei e de que é único conduz a narração dentro da perspectiva deuteronômica do santuário único. De fato, nos versículos seguintes (vv. 10-11) nos é afirmado que toda a terra será nivelada e Jerusalém será elevada. O tema da elevação de Sião é comum na literatura profética, que tende a manifestar e exaltar a centralidade do Templo como morada do Senhor.[58]

A Jerusalém escatológica, elevada e habitada em segurança, está em direta oposição à situação inicial de destruição presente nos primeiros versículos.[59] E a insistente menção ao habitar, historicamente, é uma mensagem de consolação e de paz, em contraste com a Jerusalém destruída e abandonada do período do exílio da Babilônia. Além disso, o tema do "habitar em segurança" evoca Lv 25,18.19; 26,5, no qual o Senhor garante a moradia em segurança na Terra Prometida através da observância dos estatutos

---

[56] K. R. Schaefer, "The Ending of the Book of Zechariah", 199.
[57] K. R. Schaefer, "The Ending of the Book of Zechariah", 199-200.
[58] Algumas vezes é anunciado que Sião será elevada bem mais alta do que qualquer outra montanha e, em outros textos, a terra será nivelada e Sião será elevada. Contudo a ideia de fundo é a exaltação de Jerusalém como morada do Senhor (Is 2,2; 40,4; 60,11-14; Mq 4,1).
[59] K. R. Schaefer, "The Ending of the Book of Zechariah", 213.

e normas por Ele estabelecidos. Além da promessa de morar em segurança na terra, a promessa garante, ainda, a fertilidade do solo e, como consequência, a fartura; um tema muito íntimo à solenidade de *Sucot*, como veremos mais adiante. Os vv. 12-15 fazem uma pausa na descrição da novidade escatológica e retornam aos primeiros versículos. Principalmente o v. 3 trata da batalha do Senhor contra os gentios que guerreiam contra Jerusalém. Contudo, o versículo apenas informa que o Senhor combaterá contra os gentios, enquanto nos vv. 12-15 descreve como será esta batalha. Tendo sido afirmado que Jerusalém viverá em segurança (v. 11), agora nos é informado que Judá combaterá em Jerusalém (v. 14). O tema que norteia os vv. 12-15 é o das pragas com as quais o Senhor golpeará primeiro aqueles que combateram contra Jerusalém e depois os animais presentes nos acampamentos inimigos. A frase final "*uma praga como essa*" reafirma a maldição que possui, possivelmente, traços do mal da lepra. Contudo, o tema das pragas entra em direta relação com Dt 28,15-65,[60] no qual nos são indicadas as pragas para os

---

[60] K. R. Schaefer, "The Ending of the Book of Zechariah", 217. O texto de Is 28,15-61 nos relata que todos aqueles que não obedecerem à voz do Senhor, pondo em prática os seus mandamentos e estatutos, serão atingidos por maldições. Todo o ser da pessoa, suas ações e tudo o que a rodeia serão amaldiçoados. O texto relata que as maldições serão de maldição propriamente dita, pânico, ameaça, extermínio, peste, tísica, febre, inflamação, delírio, secura, ferrugem, mofo; o céu se torna como bronze, e a terra como ferro, as chuvas, como pó e cinza; o povo será entregue aos inimigos, o cadáver da pessoa será alimento de aves; surgirão úlceras do Egito, tumores, crostas e sarnas, loucura, cegueira e demência, fracassos nas ações, opressão, exploração; o homem será traído pela mulher, construirá e não habitará, plantará vinha e não a vindimará; o boi será morto diante do dono, o jumento roubado, as ovelhas dadas aos inimigos, os filhos e filhas entregues a outros povos, toda a produção do solo será consumida por outros; haverá idolatria, motivo de caçoada; pragas eliminarão os frutos plantados, vermes devorarão as vinhas, as azeitonas cairão dos olivais, os insetos devorarão os frutos das árvores, o estrangeiro servo se elevará sobre o seu senhor; haverá deportação, canibalismo, descendência amaldiçoada, pragas do Egito e todas as pragas escritas

que não observam a Lei do Senhor. Schaefer apresenta três motivos pelos quais o Senhor aplica uma praga: a primeira é como uma punição corretiva; o segundo é um incentivo a reconhecer a soberania do Senhor e o terceiro é a eliminação da impuridade e da idolatria.[61] Segundo Schaefer, encontramos em Zc 14 os três motivos pelos quais o Senhor aplica uma praga[62] e tal intensidade quer indicar uma total destruição do mal e uma radical transformação do cosmo. Após o breve interlúdio (vv. 12-15) retornamos à novidade escatológica dos versículos precedentes, agora relatando a vida cultual da Jerusalém escatológica (vv. 16-19). A Festa de *Sucot* nos é apresentada em Zc 14 como a solenidade do Templo Escatológico.[63] Tal solenidade possui um caráter jurídico, segundo o qual a rejeição à obrigação de peregrinar anualmente para a festa

---

neste livro (Deuteronômio). Possivelmente esta relação de maldições é expressa em forma modal, como um meio de criar um temor naquele que deve observar a Lei. No caso de Zc 14, o autor especifica que as pragas atingirão a pessoa em todo o seu ser, ações e tudo que a circunda; mas, grosso modo, indica que a praga se trata do mal da lepra, pelas características descritas pelo autor.

[61] K. R. Schaefer, "The Ending of the Book of Zechariah", 217-218. O primeiro motivo pelo qual o Senhor aplica uma praga é como uma punição corretiva. Como exemplo encontramos 2Sm 24,10-17, onde o povo é castigado pelo Senhor devido ao pecado cometido por Davi. O tema das pragas segue o relato de Jr 21,6ss, porém, aqui aplicado aos inimigos do Senhor. O segundo motivo é o envio de calamidades como forma de reconhecimento do poder do Senhor. O exemplo clássico são as pragas do Egito (Ex 7-11). O relato de Ez 38,18-23 está, também, em paralelo com o relato de Zc 14 (ver ainda 1Sm 6,3-9). O terceiro motivo é a aplicação de pragas com a finalidade de eliminar as impuridades e a idolatria. Zc 14 não faz nenhuma menção aos pecados do povo, pelo qual tenham merecido serem atacados pelos gentios. Contudo, em relação aos capítulos anteriores, encontramos uma crise de liderança de Israel. No caso, os pecados cometidos pelos líderes de Israel resultam na condenação de todo o povo. Segundo Schaefer, Zc 14 evoca os três tipos de pragas que atingem Jerusalém e, posteriormente, os gentios.

[62] K. R. Schaefer, "The Ending of the Book of Zechariah", 218.
[63] K. R. Schaefer, "The Ending of the Book of Zechariah", 225.

de *Sucot* em Jerusalém é passível de pena. Além disso, o motivo da peregrinação anual é reconhecer a soberania do Senhor.[64] Nesse sentido, a peregrinação anual, a fim de reconhecer a soberania do Senhor, motivo comum presente nos impérios dominantes, implica um contexto político de suserania e vassalagem,[65] no qual as nações gentias vencidas agora devem, anualmente, apresentar-se diante do Senhor, que as venceu, a fim de reconhecer a sua soberania sobre elas. Por outro lado, o relato de Zc 14 quer expressar que o Senhor é fiel às suas promessas, pois trouxe a salvação a Israel.[66] Schaefer ainda acena para o fato de que a peregrinação anual dos gentios para uma solenidade judaica implica o fato de uma conversão destes e o reconhecimento do Senhor como Deus único, como já visto no v. 9. Tal ideia se torna mais clara no v. 21, no qual são expressamente excluídos os cananeus[67] de Jerusalém,[68] e assim, neste caso, a idolatria baalita,[69] ou ainda, seguindo a ideia de cananeus como comerciantes, o sistema de comércio dentro de Jerusalém.

---

[64] K. R. Schaefer, "The Ending of the Book of Zechariah", 224.
[65] Os termos "suserania" e "vassalagem" devem ser compreendidos dentro da nossa concepção moderna.
[66] K. R. Schaefer, "The Ending of the Book of Zechariah", 224.
[67] A Bíblia de Jerusalém, edição para língua portuguesa (Paulus, 2002), traduz a palavra hebraica "cananeus" (כְּנַעֲנִי) por "vendedor" (no singular acompanhando a tradução), enquanto no Texto Massorético nos apresenta propriamente "cananeus" (כְּנַעֲנִי) e a Septuaginta segue a mesma tradução (Χαναναῖος). Nota-se que a edição italiana da Bíblia de Jerusalém (Edizioni Dehoniane Bologna, 2002) adotou como tradução "cananeus". A edição brasileira, no entanto, segue a versão da La Bible de Jérusalem (Éditions du Cerf, Paris 1998), que conservou a tradução da primeira edição de 1960. As demais Bíblias católicas em língua portuguesa para o Brasil (Ave Maria, TEB, Edição da CNBB, Pastoral) conservam a palavra "vendedores ou comerciantes" em vez de "cananeus". O mesmo caso se encontra nas edições alemãs e inglesas. Em geral os exegetas tendem a preferir a tradução "cananeus" em vez de "vendedores" devido ao significado assumido por estes dentro da tradição bíblica.
[68] K. R. Schaefer, "The Ending of the Book of Zechariah", 224.
[69] Baalita = aquele que presta culto a Baal, divindade ligada ao culto cananeu da fertilidade.

A Festa de *Sucot* é mencionada três vezes em Zc 14. Porém, o autor não oferece, aqui, muitas indicações sobre o significado da festa. Schaefer descreve alguns pontos que teriam sido de referência para o profeta:

a) *Sucot* era uma das três grandes festas anuais, um ponto alto do culto ao Senhor no Templo de Jerusalém, para onde eram prescritas as peregrinações anuais. Além do mais, a Festa evocaria os grandes eventos da história de Israel, como o do Êxodo. Este, no pós-exílio, prefigura a libertação escatológica do povo de Deus. A Festa de *Sucot* celebra isto assumindo, mais do que as outras festas, um significado escatológico.[70]

b) *Sucot* regulava a colheita de todos os produtos do campo e era associado com a fertilidade do solo através da gratidão pelo fim da colheita e súplica pelo próximo ano agrícola com as chuvas sazonais. Zc 14,8 evoca este tema da fertilidade com o tema da água que brota de Jerusalém e jorra para o oriente e o ocidente. A festa, que celebrava o ritmo anual das colheitas, assume um caráter escatológico em Zc 14. Por outro lado, o ser abençoado ou não com as chuvas depende da peregrinação anual a Jerusalém para a festa.[71]

c) *Sucot* em 1Rs 8,41-43 assume um caráter universalista. A historização da festa quer celebrar os quarenta anos do deserto, do Egito à Terra Prometida. Na profecia de Zacarias, os egípcios, que outrora oprimiram os hebreus, agora devem reconhecer a onipotência do Senhor peregrinando anualmente a Jerusalém, sob pena de castigo. Lógico, com uma finalidade clara, reconhecer a soberania do Senhor, que no passado havia libertado os israelitas do Egito com mão forte (Ex 3,19-20). Além disso, dentre as festas de Israel, *Sucot* celebrando a alegria da colheita, possui o ambiente propício para reunir os povos.[72]

---

[70] K. R. Schaefer, "The Ending of the Book of Zechariah", 226.
[71] K. R. Schaefer, "The Ending of the Book of Zechariah", 226-227.
[72] K. R. Schaefer, "The Ending of the Book of Zechariah", 227.

d) A festa é relacionada com a realeza do Senhor. A origem disto é incerta; contudo, é um motivo que ajudou o profeta a escolher a Festa de *Sucot* como a Festa Escatológica.[73]
e) *Sucot* nos pós-exílio adquire um significado messiânico, e Zc 14 atesta isto quando relata como o Senhor pousa os seus pés sobre o Monte das Oliveiras. Dois traços que expressam o messianismo real são a efusão da água da vida (simbolizado em *Sucot* com a libação) e o Monte das Oliveiras, como lugar onde as cabanas são preparadas (Ne 8,15).[74] O rito da luz também pode ter influenciado o autor de Zc 14.[75]
f) *Sucot* pode ter sido escolhida, ainda, porque celebrava a gratidão ao Senhor por ter protegido o seu povo durante a caminhada do deserto.[76] Em síntese, a Festa de *Sucot* pode ter sido escolhida pelo profeta por diversas razões somadas e dentre elas o fato de estar sempre ligada com algum novo início.[77]

Schaefer não acredita que *Sucot* tivesse alguma ligação com alguma solenidade de ano-novo ou de entronização do Senhor, apesar de Zc 14 manifestar três das principais características destas duas solenidades, ou seja, a realeza do Deus de Israel, o Senhor como criador do universo e o juízo divino.[78]

Zc 14 termina fazendo referência às companhias dos cavalos, às panelas de Jerusalém e de Judá que são consagrados ao Senhor e, finalmente, à proibição literal dos cananeus de entrarem na casa do Senhor.

Os cavalos aparecem na Bíblia geralmente como símbolo do poder secular e de influências estrangeiras (Is 31,1-3; Ez 38,4; Os 14,3) e, como tal, são uma ofensa ao Senhor: "*Ele [o Senhor]*

---

[73] K. R. Schaefer, "The Ending of the Book of Zechariah", 227.
[74] K. R. Schaefer, "The Ending of the Book of Zechariah", 227-228.
[75] K. R. Schaefer, "The Ending of the Book of Zechariah", 228.
[76] K. R. Schaefer, "The Ending of the Book of Zechariah", 228.
[77] K. R. Schaefer, "The Ending of the Book of Zechariah", 228.
[78] K. R. Schaefer, "The Ending of the Book of Zechariah", 230.

não se compraz com o vigor do cavalo, nem aprecia os músculos do homem" (Sl 147,10). Porém, agora presentes em Jerusalém são consagrados ao serviço do Senhor e um poder secular agora é submetido ao poder divino. Além disso, o uso de campainhas pelos cavalos é de todo estranho. Nos relatos bíblicos o uso de campainhas nos remete às vestes sagradas de Aarão (Ex 28,31-35; 39,22-26). Entre as vestes sagradas, o Senhor ordena a confecção de um manto do *efod* todo de púrpura violeta tendo ao redor campainhas de ouro; este manto devia ser usado por Aarão para oficiar as funções da Tenda. As campainhas serviam para anunciar, através do seu ruído, a entrada e a saída de Aarão, segundo uma antiga concepção, o ruído das campainhas afastava os maus espíritos. Os dois textos do Êxodo e Zc 14 são as únicas três menções de campainhas em toda a Bíblia.

Os últimos versículos de Zc 14 descrevem a total consagração de Jerusalém, tanto do lugar como de tudo o que compõe o lugar. Nesse sentido se compreende a menção aos cavalos. Aquilo que era símbolo de poder e instrumento de guerra agora é consagrado ao Senhor. A transformação gerada pelo Senhor leva tudo a um novo contexto e, principalmente, com a sua presença em meio a Jerusalém torna tudo santo à sua volta. Mesmo a distinção anterior entre Templo e Jerusalém agora desaparece. Tudo agora é morada do Senhor e, por consequência, tudo é santo. Não existe mais diferença entre sagrado e profano.

2. A Festa de *Sucot* e a escatologia em Zc 14

O anúncio de uma celebração universal da Festa de *Sucot*, em Jerusalém, é parte de e também forma o clímax do anúncio da vinda do "Dia do Senhor" em Zc 14.[79]

Mowinckel afirma que o "Dia do Senhor" era o motivo central da festa outonal de *Sucot*, que celebrava a Realeza do Senhor, como afirmam os chamados Salmos de Entronização. Por

---

[79] K. W. Weyde, The Appointed Festivals of Iahweh, 211.

sua vez, Schaefer argumenta que a Festa de *Sucot* já possuía uma conotação escatológica a partir do início do Segundo Templo.[80] Por outro lado, Rubenstein nota que existiam grupos que não podiam participar da celebração do Templo devido à corrupção da casta sacerdotal de Jerusalém. Assim visualizavam um templo futuro restaurado e purificado, com um legítimo sacerdócio, no qual a Festa de *Sucot*, a maior solenidade anual do Templo, seria naturalmente celebrada. A Festa, no seu papel de principal solenidade do Templo, entra na narração profética de Zc 14, não por possuir alguma conotação escatológica, mas apenas por ser uma solenidade expressiva.[81]

O motivo central da profecia de Zc 14, segundo Rubenstein, é a restauração da cidade e do Templo. Nesse sentido, o foco escatológico está centrado na restaurada cidade, Monte e Templo, sendo que o culto escatológico toma lugar durante a Festa de *Sucot*, que surge como o ápice da vida cultual do Templo.[82] Contudo, Rubenstein questiona por que de *Sucot*,[83] pois o autor poderia ter escolhido *Pessach* ou *Shavuot*, como motivo de peregrinação para Jerusalém, ou, ainda, no espírito de Is 66,23, "*de lua nova em lua nova e de sábado em sábado, toda carne virá se prostrar na minha presença*", ou seja, cultuar o Senhor em Jerusalém fora de um tempo determinado. A este respeito, Vicent explica que a Festa de *Sucot* não é o centro por si mesma, mas apenas oferece o seu espaço celebrativo para acolher a peregrinação dos povos em Jerusalém.[84] O motivo da escolha da Festa de *Sucot* estaria na sua relação com a consagração do Primeiro Templo em 1Rs 8, com o lugar Sião e com o tema da realeza aplicada ao Senhor.[85] Mas qual seria a origem desta relação entre a Festa de *Sucot* e escatologia? Rubenstein aponta duas posições:

---

[80] K. R. Schaefer, "The Ending of the Book of Zechariah", 225ss.
[81] K. W. Weyde, The Appointed Festivals of Iahweh, 212; J. L. Rubenstein, The History of Sukkot..., 50.
[82] J. L. Rubenstein, The History of Sukkot..., 49-50.
[83] J. L. Rubenstein, "Sukkot, Eschatology and Zechariah 14", 162.
[84] R. Vicent, La Festa Ebraica delle Capanne (Sukkot), 76.
[85] R. Vicent, La Festa Ebraica delle Capanne (Sukkot), 76.

Na primeira, a anual observância da Festa de *Sucot* durante o período do Segundo Templo incluiria um substancial componente escatológico, ou seja, que os judeus, ao observarem a festa, a compreendiam como prefiguração da vida nos tempos escatológicos, procurando trazer as futuras bênçãos escatológicas para o tempo atual através das orações e rituais. Deste modo, os símbolos da festa expressavam temas escatológicos.[86] A segunda é que o profeta estaria apresentando a Festa de *Sucot* através de uma lente escatológica, pois a festa em si não envolvia uma experiência escatológica. A associação de escatologia e *Sucot* é uma inovação apresentada pelo autor do Dêutero-Zacarias, tendo em vista que não refletia o caráter da festa durante o período do Segundo Templo.[87]

Daniélou caminha a partir da primeira hipótese afirmando que "*Sucot... toma consigo, mais do que todas as outras festas, um significado escatológico, pois a festa manifesta a realeza messiânica, principalmente através dos temas da efusão da água e os ritos e o Monte das Oliveiras*". Assim, a Festa de *Sucot* quer significar o reino terrestre do Messias antes daquele eterno.[88]

Rubenstein, partindo da crítica de Riesenfeld, na sua obra *Jésus Transfiguré*, nota que a postura tomada por autores como Daniélou e Schefer, que sustentam uma visão escatológica presente na Festa de *Sucot* durante o período do Segundo Templo, partem de uma visão neotestamentária, procurando apenas afirmar o evento Jesus Cristo, não levando em consideração a evolução do judaísmo durante o período do Segundo Templo.[89] Na realidade, Rubenstein duvida de que a Festa de *Sucot* tinha um significado escatológico para aqueles que dela participavam durante o período do Segundo Templo. E, se não, como se pode explicar a relação entre *Sucot* e escatologia

---

[86] J. L. Rubenstein, "Sukkot, Eschatology and Zechariah 14", 163.
[87] J. L. Rubenstein, "Sukkot, Eschatology and Zechariah 14", 163.
[88] J. Daniélou, "Le symbolisme eschatologique de la Fête des Tabernacles", in Irén 31 (1958), 20-21 e 23.
[89] J. L. Rubenstein, "Sukkot, Eschatology and Zechariah 14", 164.

em Zc 14? O autor sublinha que, além de Zc 14 e as escrituras cristãs, a Festa de *Sucot* aparece durante o período do Segundo Templo em Esdras, Neemias, 2 Crônicas, 2 Macabeus, livro dos Jubileus, Flávio Josefo, Fílon Alexandria, Pseudo-Fílon e Plutarco, e em nenhuma dessas obras se encontra uma explícita ligação entre a festa e escatologia.[90] Rubenstein continua apresentando os argumentos para uma concepção escatológica de *Sucot* propostos por Schaefer, Daniélou, Riesenfeld e outros, que podem ser agrupados nos seguintes itens: (1) *Sucot*, a festa da entronização e escatologia; (2) *Sucot* e a tipologia do Êxodo; (3) Simbologia da *sukka*; (4) caráter messiânico dos Salmos Hallel; (5) moedas [numismática], arte e o simbolismo do *lulav* e do *etrog*; (6) simbolismo da coroa [rei]; (7) libação da água e chuva; (8) universalismo; (9) *Sucot* como início de um novo tempo.[91]

O tema de "*Sucot*, a festa da entronização e escatologia", é descrito por Rubenstein em resposta ao artigo de Schaefer,[92] segundo o qual a Festa de *Sucot* era, originariamente, parte de uma antiga festa de entronização ou de ano-novo e que esta festa era a fonte originária da escatologia israelita. Segundo este autor, a reconstrução de uma festa de entronização ou ano-novo é discutível, tendo em vista que até a questão da origem da escatologia é ainda hoje um assunto controverso.[93]

Quanto à questão da Festa de *Sucot* e a tipologia do Êxodo, Rubenstein continua a sua crítica a Schaefer e Daniélou, os quais propõem que os profetas modelaram suas visões a respeito do exílio da Babilônia e retorno a partir do tema do Êxodo, dentro da perspectiva de Lv 23,42-43, que podemos chamar de um "segundo Êxodo". Desta forma, *Sucot* simbolizaria, no nível escatológico, a ideia de retorno, de êxodo. Contudo, tal ideia não aparece nem em Jubileus, nem em Flávio

---

[90] J. L. Rubenstein, "Sukkot, Eschatology and Zechariah 14", 166.
[91] J. L. Rubenstein, "Sukkot, Eschatology and Zechariah 14", 166.
[92] K. R., Schaefer, "The Ending of the Book of Zechariah", 229-230.
[93] J. L. Rubenstein, "Sukkot, Eschatology and Zechariah 14", 167-171.

Josefo. Para estes, *Sucot* não tinha nada a ver com a tipologia do Êxodo.[94]

O simbolismo da *sukka* é uma questão complexa. A tradição rabínica tende a compreender o texto de Lv 23,42, no qual o Senhor ordena os israelitas a habitarem em tendas, em memória da caminhada do Êxodo, não como as cabanas usadas pelos israelitas, mas sim pela Nuvem de Glória que acompanhou os israelitas durante toda a marcha pelo deserto até a Terra Prometida. De fato, a nuvem, como já descrito anteriormente no primeiro capítulo, assume a conotação de presença do Senhor e de sua proteção divina. As fontes rabínicas projetaram a ideia de Nuvem de Glória em termos escatológicos e, neste caso, o uso de tendas, em *Sucot*, evocaria o futuro messiânico. Contudo, Rubenstein, partindo da afirmação de Ulfgard, nota que a ideia de *sukka*, como proteção divina que se projeta para um messianismo futuro durante o período do Segundo Templo, é improvável.[95]

Os Salmos Messiânicos de Hallel (113-118) são os principais Salmos litúrgicos da Festa de *Sucot*, recitados no Templo durante todos os dias da festa. Os aspectos messiânicos presentes nestes Salmos serão aplicados posteriormente pelos Evangelhos a Jesus Cristo. Por outro lado, a Mixná tende a conectá-los com a libação do altar e a vinda das chuvas como sinal de bênçãos divinas. Nesse caso, Rubenstein faz notar que é um tanto duvidoso acreditar que os judeus que celebravam no Templo entendiam os Salmos dentro da perspectiva dos Evangelhos.[96]

Quanto ao tema das moedas, arte e simbolismo do *lulav*,[97] Rubenstein trabalha com base no argumento de Goodenough, o qual reivindica que o fato de estes elementos aparecerem frequentemente na arte indica que possuíam uma mística espiritual e significado escatológico. Contudo, o fato de tais elementos serem

---

[94] J. L. Rubenstein, "Sukkot, Eschatology and Zechariah 14", 172-174.
[95] J. L. Rubenstein, "Sukkot, Eschatology and Zechariah 14", 174-175.
[96] J. L. Rubenstein, "Sukkot, Eschatology and Zechariah 14", 176-177.
[97] A característica do *lulav* será trabalhada posteriormente.

encontrados dentro da arte de certo período não permite dizer que possuíam exatamente um determinado significado.[98] O símbolo da coroa ligado à Festa de *Sucot* aparece somente em Jub 16,30. Contudo, o fato de a coroa ser citada uma única vez em relação à Festa de *Sucot* demonstra que ela não era um elemento expressivo no contexto da festa. Claro que Daniélou afirma ser a coroa um importante e crucial elemento de *Sucot*, o principal símbolo messiânico, por causa da relação que surgirá posteriormente em relação a Jesus Cristo. Mas isto não quer dizer que era de suma importância no contexto litúrgico da festa no período do Segundo Templo.[99]

O Rito da Chuva e *Sucot* estão em relação com a profecia de Zc 14. Contudo, segundo Rubenstein, não existe nenhuma evidência de que o ritual da libação de água tivesse algum caráter escatológico. A ideia de fundo eram as bênçãos divinas através das chuvas para o ano agrícola, que se seguia à celebração, não que estivesse ligado ao envio de um messias, salvação ou "chuvas escatológicas".[100]

Quanto ao tema do universalismo, Rubenstein acredita que talvez fosse apenas uma abertura para aqueles que residiam em Jerusalém.[101]

Finalmente, quanto ao tema da Festa de *Sucot* e Nova Era (ou novo início), ainda discutindo com Schaefer, Rubenstein faz notar que esse não explica por que *Sucot* é associada com a inauguração e dedicação do Templo de Jerusalém. Nessa perspectiva, Rubenstein afirma que a Festa de *Sucot* não descreve alguma cerimônia de inauguração.[102] Vicent, por outro lado, discorda de Rubenstein e, seguindo a visão de Schaefer, afirma que o motivo de escolher *Sucot* como moldura de uma perspectiva universal seria precisamente a associação tradicional da

---

[98] J. L. Rubenstein, "Sukkot, Eschatology and Zechariah 14", 177.
[99] J. L. Rubenstein, "Sukkot, Eschatology and Zechariah 14", 181-182.
[100] J. L. Rubenstein, "Sukkot, Eschatology and Zechariah 14", 182-183.
[101] J. L. Rubenstein, "Sukkot, Eschatology and Zechariah 14", 184.
[102] J. L. Rubenstein, "Sukkot, Eschatology and Zechariah 14", 185-186.

festa com qualquer novo início (Lv 23,43; 1Rs 8, Dt 31, Ne 8; Esd 3). Na perspectiva escatológica do autor, *Sucot* oferecia o melhor quadro religioso para mostrar a novidade da ação divina.[103]

Após contestar tais argumentos, Rubenstein apresenta o seu ponto de vista a respeito da Festa de *Sucot* em Zc 14. Para o autor, a peregrinação em Zc 14 representa um idealizado culto no Templo ideal. A Festa de *Sucot* toma lugar na visão escatológica de Zc 14 por ser a principal festa do Templo e o ápice da vida cultual. *Sucot*, mais do que qualquer outro festival, era associado com o Templo, mas não com escatologia. O contexto escatológico está relacionado diretamente com o Templo, enquanto *Sucot* é relacionado com a escatologia somente como reflexo da sua associação com o Templo.[104]

O debate sobre a relação entre *Sucot* e escatologia se polariza no debate entre Schaefer, Rubenstein e Weyde. Schaefer acredita que a Festa de *Sucot* já possuía uma orientação escatológica ao início do Segundo Templo, enquanto Rubenstein rebate esta afirmação dizendo que o caráter escatológico de *Sucot* surge a partir da sua relação com o Templo, real foco de visão escatológica, enquanto Weyde propõe um caminho intermediário entre as duas propostas, afirmando que a Festa de *Sucot*, como descrito no *texto massorético*,[105] tem um potencial de futuro muito maior do que o proposto por Rubenstein, mas ao mesmo tempo discorda de Schaefer, segundo o qual *Sucot* possuía uma conotação escatológica para quem a celebrava.[106]

Weyde sugere que a profecia de Zc 14 tenha recebido inspiração da tradição profética[107] e dos Salmos,[108] bem como da

---

[103] R. Vicent, La Festa Ebraica delle Capanne (Sukkot), 78.
[104] J. L. Rubenstein, "Sukkot, Eschatology and Zechariah 14", 187.
[105] Texto em língua hebraica contendo as Sagradas Escrituras judaicas.
[106] K. W. Weyde, The Appointed Festivals of Yahweh, 235-236.
[107] Existem textos proféticos anteriores a Zc 14 que se referem à peregrinação dos gentios a Sião.
[108] Weyde parte dos chamados Salmos de Sião e do conceito de Mowinckel a respeito dos chamados Salmos de Entronização.

futura orientação proposta por 1Rs 8,41-43 de uma futura peregrinação dos gentios a Jerusalém. Assim, Zc 14,16-21 testifica uma potencialização da Festa de *Sucot* no pós-exílio, através dos temas da peregrinação universal a Jerusalém, do reconhecimento universal da realeza do Senhor e da sacralização e dilatação desta realeza a tudo que rodeia o Templo.[109] Weyde finaliza a sua argumentação afirmando que a Festa de *Sucot* ganhou uma grande importância, não por ser a festa do Templo, mas pelos motivos que, ao longo da história, foram anexados a ela, como é atestado pelo relato de 1Rs 8, pelos Salmos e pela expectativa profética do Dia do Senhor, que foram reinterpretados no anúncio de Zc 14.[110]

Rubenstein, mesmo afirmando que a proveniência da orientação escatológica do Dêutero-Zacarias seja ainda uma questão aberta, nota que o Templo escatológico tem como culto a solenidade da Festa de *Sucot*. Sendo assim, os temas da dedicação e inauguração devem ser entendidos a partir dessa perspectiva. Estes não foram simples dedicação ou inauguração *per se*, mas a dedicação do Templo por Salomão em 1Rs 8, o reinício da vida cultural em Esd 3 e o surgimento da *Chanuca* em 1 e 2 Macabeus tomaram lugar em *Sucot*, por ser esta a festa do Templo, a festa *par excellence*.[111] Nesse sentido, será focalizando o Templo que a literatura cristã tenderá a estabelecer uma associação escatológica com a Festa de *Sucot*.[112] Não que a festa tivesse um direcionamento escatológico, segundo Rubenstein, mas somente enquanto relacionada com o Templo.[113] De qualquer modo, segundo Ulfgard, a relação entre a Festa de *Sucot* e escatologia em Zc 14 permitiu a esta adquirir um potencial futurístico para as gerações sucessivas.[114]

---

[109] K. W. Weyde, The Appointed Festivals of Yahweh, 235.
[110] K. W. Weyde, The Appointed Festivals of Yahweh, 236.
[111] J. L. Rubenstein, "Sukkot, Eschatology and Zechariah 14", 188.
[112] J. L. Rubenstein, "Sukkot, Eschatology and Zechariah 14", 190.
[113] J. L. Rubenstein, "Sukkot, Eschatology and Zechariah 14", 190.
[114] H. Ulfgard, The Story of Sukkot, 147.

3. Os relatos de Esdras e Neemias

O declínio do império babilônico sob o frágil comando de Nabônides e a ascensão do império persa sob o comando de Ciro lançam no ar um clima de mudança, que se concretizará quando os sacerdotes babilônicos, perdendo o apoio de Nabonidas, abrem as portas da cidade da Babilônia para o início do domínio persiano.

Diferente da política babilônica de deportação, o domínio persiano contava com a permanência dos povos dominados nas suas respectivas terras, porém, sob o domínio político persiano. As terras conquistadas foram divididas nas chamadas satrapias. Judá passará a depender do domínio político persiano a partir da décima quarta satrapia, com sede na Samaria. Esse fato jamais foi aceito por Judá, que rejeitava a possibilidade de submissão ao antigo e infiel reino do norte.[115]

Independente do conflito político, o domínio persa tinha dado plena liberdade religiosa, tão ansiada pelos judeus. A comunidade restaurada de Judá, mesmo mantendo o ideal monárquico e estando submissa a outro império, poderá contar com o sumo sacerdote, que passará a gozar do poder espiritual e temporal em Jerusalém. Dentro desta política de liberdade religiosa é que Ciro em 538 a.C. permitirá aos judeus reconstruírem o Templo de Jerusalém e reconduzirem os objetos sagrados da Babilônia para Jerusalém.[116]

---

[115] A submissão de Judá à décima quarta satrapia, com sede na Samaria, na verdade somente reacendeu e agravou o clima de animosidade entre Judá e a Samaria.

[116] Os deportados que retornam para Jerusalém, após cinquenta anos de exílio, tinham perdido a língua-mãe, o hebraico, e no exílio tinham desenvolvido uma nova forma laical de culto que passará a ser conhecida como sistema sinagogal, que era e que será o meio de sobrevivência de um judaísmo sem Templo. A compreensão das Sagradas Escrituras pela classe popular exigirá mestres da Lei e escribas que a traduzam e expliquem de modo compreensível. O fato de os deportados se encontrarem espalhados no então mundo conhecido exigirá, ainda, que os textos sa-

O Templo de Jerusalém, apesar de todas as dificuldades encontradas para a sua reconstrução, será dedicado novamente em 515 a.c. O relato de Esdras nos explica que o Templo foi concluído no "*vigésimo terceiro dia do mês de Adar*" (Esd 6,15), mais ou menos no mês de abril. Diferentemente da consagração do Primeiro Templo (1Rs 8), a dedicação do segundo não será colocada em relação a nenhuma solenidade. Contudo, o autor nos indica logo, em seguida, que a Páscoa foi celebrada no dia catorze do primeiro mês, especificando que esta foi a primeira Páscoa celebrada pelos exilados após o retorno. Diferentemente do calendário cananeu pré-exílico, aqui é dito que a Páscoa foi celebrada no primeiro mês.

Apesar de descrever a Páscoa logo após a dedicação do Segundo Templo, a primeira celebração dos exilados, que retornam para suas casas, será a Festa de *Sucot*, acentuando a importância desta festa dentro da vida judaica (Esd 3,1ss).

3.1. A Festa de Sucot em Esdras

A história do livro de Esdras tem início durante a conclusão de 2 Crônicas, onde encontramos o edito do rei persa Ciro proclamando que "o Senhor, o Deus dos céus, entregou-me todos os reinos da terra; ele me encarregou de construir para ele um Templo em Jerusalém, na terra de Judá. Todo aquele que, dentre vós, pertence a todo seu povo, que seu Deus esteja com ele e que se dirija para lá!" (2Cr 36,23; Esd 1,1-3).

O livro de Esdras põe em foco os repatriados que retornam para Jerusalém.[117] Ciro surge como um homem escolhido por Deus, um messias, encarregado de libertar os judeus do cati-

---

grados sejam traduzidos para uma língua internacional conhecida por todos, no caso, o grego. Tarefa esta que será da responsabilidade de setenta anciãos reunidos em Alexandria, que editarão a versão da Septuaginta e estabelecerão um primeiro cânon dos textos do Antigo Testamento.

[117] O relato de Esdras e de Neemias lê o retorno do exílio da Babilônia a partir do Êxodo do Egito, e o próprio Esdras será visto como um tipo de novo Moisés.

veiro da Babilônia e fazê-los retornar à sua terra. Os repatriados que retornam são chamados pelo apelativo de "*filhos dos exilados*" (בְּנֵי הַגּוֹלָה). Esta expressão é típica do livro de Esdras e ocorre somente nele em toda a literatura bíblica (4,1; 6,19.20; 8,35; 10,7.16).[118] Ao que parece, somente este grupo é considerado como o verdadeiro Israel.[119] Como efeito, deste exclusivismo dos בְּנֵי הַגּוֹלָה é que teremos uma forte tendência à separação dos demais grupos.

Esdras deixa transparecer claramente esta separação, em primeiro lugar, dos chamados "*povos das terras*" (עַמֵּי הָאֲרָצוֹת), depois dos "*povos da terra*" (עַמֵּי הָאָרֶץ) e finalmente o chamado "*povo da terra*" (עַם־הָאָרֶץ). Os "*povos das terras*" (עַמֵּי הָאֲרָצוֹת) provavelmente seriam os estrangeiros, que teriam ocupado a terra durante o período do exílio da Babilônia (3,3; 9,1.2.11.14); enquanto os "*povos da terra*" (עַמֵּי הָאָרֶץ), possivelmente, são a população local de Judá considerada impura (10,2.11). A expressão "*povo da terra*" (עַם־הָאָרֶץ) possui uma conotação mais negativa, segundo Ulfgard, e designa os oponentes à reconstrução do Templo de Jerusalém, durante o reinado de Ciro (4,4).[120]

A terceira e última ideia central da obra de Esdras é a continuidade das antigas tradições.[121] Esta ideia é visível na ânsia dos repatriados de reconstruírem o altar dos sacrifícios, "*como está escrito na Lei de Moisés*" (3,2-6). A reconstrução do altar dos sacrifícios "*no seu lugar*", no sétimo mês, junto com a celebração

---

[118] H. Ulfgard, The Story of Sukkot, 119.
[119] H. Ulfgard, The Story of Sukkot, 119.
[120] O chamado "povos da terra" (עַם־הָאָרֶץ), que se oferece para ajudar na obra de reconstrução do Templo, tendo negada tal possibilidade de ajuda, é considerado inimigo de Judá e de Benjamim (4,1) por Zorobabel, Josué e os chefes de família. H. Ulfgard, The Story of Sukkot, 119; H. G. M. Williamson, Ezra, Nehemiah, WBC, Waco-Texas 1985, 16, 46: Segundo o autor, a frase (עַמֵּי הָאֲרָצוֹת) varia de significado dentro da literatura bíblica, e no caso específico de Esd 3,3 não é possível obter uma definição clara. Provavelmente trata-se daqueles que não fazem parte dos repatriados e foram alocados em Judá durante a dominação babilônica. J. M. Myers, Ezra. Nehemiah, 25.
[121] H. Ulfgard, The Story of Sukkot, 120.

da Festa de *Sucot*, coloca este evento em estreita relação com a consagração do Templo de Jerusalém (1Rs 8).[122]

A Festa de *Sucot* aparece, em Esd 3, em estreita relação com o reinício da vida cultual do Templo de Jerusalém. Em Esdras a festa aparece com o nome de Festa de *Sucot* (חַג הַסֻּכּוֹת), sendo celebrada segundo prescrição da "Lei de Moisés". O relato de Esdras assume uma tendência pró-Templo e apenas indica a prescrição de sacrifícios diários, durante sete dias.

Esd 3 apresenta uma dificuldade sobre qual texto serviu de inspiração para o redator. A dificuldade se apresenta ao não especificar o oitavo dia, como em Lv 23 e Nm 29, o que se aproximaria mais do relato de Dt 16. Contudo, Dt 16 não trata dos sacrifícios diários. Por outro lado, é justamente o relato de Nm 29 que apresenta uma tendência pró-Templo, com uma precisa prescrição para sacrifícios durante a solenidade do décimo quinto dia do sétimo mês (Nm 29,12). Martin-Achard afirma que o relato de Esd 3,4 se refere, sem dúvida, a Nm 29,12s, apesar de questionar a veracidade do relato de Esd 3.[123] Van Goudoever[124] comenta que o livro de 1 Reis (1Rs 8,63) celebra a solenidade da consagração do Templo de Jerusalém (1Rs 8,63), enquanto 2 Crônicas celebra a Dedicação do Altar (2Cr 7,9). Goudoever comenta ainda que "a festa foi celebrada somente após a construção do Templo, sendo a festa por excelência do Templo. A festa como descrita em Esdras possui o mesmo caráter. Esdras assume a mesma tradição de Crônicas, ou seja, a dedicação do Altar durante a Festa de *Sucot*."[125]

Ulfgard reafirma o argumento de Goudoever de que a nova dedicação do altar do Templo de Jerusalém é descrita aos moldes da dedicação do Templo de Salomão (que se realizou no sétimo mês durante a Festa de *Sucot*) e de que a restauração do Templo

---

[122] H. Ulfgard, The Story of Sukkot, 120.
[123] R. Martin-Achard, "Sukkot", 49: "Logo após celebrar *Sucot* segundo a prescrição da Lei (v. 4, aqui se refere sem dúvida a Nm 29,12ss)".
[124] J. Van Goudoever, Fêtes et Calendriers Bibliques, Beauchesne, Paris 1967, 75.
[125] J. Van Goudoever, Fêtes et Calendriers Bibliques, 75.

e do seu culto não é completa até o capítulo 6, pois Esdras liga a restauração do altar com *Sucot* e a dedicação do Templo com *Pessach* (= Páscoa).[126]

O motivo pelo qual, segundo Ulfgard, o redator de Esdras desmembrou os dois momentos, restauração do altar e dedicação do Templo, ligando-os com duas das três principais festas de peregrinação de Israel, é o de dar dupla prova de que os repatriados (*golah*) representam a legítima continuidade do Povo Eleito de Deus, evocando as antigas tradições de Israel.[127]

3.2. A Festa de Sucot em Neemias

O livro de Neemias não tem o Templo de Jerusalém como principal foco da sua história como no livro de Esdras. Enquanto a primeira preocupação dos repatriados (*golah*), em Esdras, foi reconstruir o altar e, em seguida, reedificar o Templo de Jerusalém, a obra de Neemias apresenta os repatriados preocupados com a reconstrução dos muros de Jerusalém (Ne 1–7).

A primeira parte do livro de Neemias apresenta um relato pessoal, em primeira pessoa, quase como um diário das atividades de Neemias, no qual Neemias reconstrói os muros de Jerusalém e, ao mesmo tempo, deve enfrentar as dificuldades de ordem administrativa e intrigas que surgem durante a obra. Após a conclusão da restauração das muralhas de Jerusalém, o relato de Neemias começa a descrever o retorno dos repatriados.

Enquanto a primeira parte do livro de Neemias (1–7) está escrita na primeira pessoa, com o próprio Neemias relatando suas atividades, os capítulos 8 e 9 são escritos na terceira pessoa e, a partir do capítulo 10, o relato volta a ser escrito na primeira pessoa. Este fato leva os estudiosos a acreditarem que os capítulos 8 e 9 são acréscimos posteriores.

Após descrição dos repatriados que chegam a Jerusalém (Ne 7), o relato passa imediatamente à leitura da Torá diante da

---

[126] H. Ulfgard, The Story of Sukkot, 123.
[127] H. Ulfgard, The Story of Sukkot, 124.

comunidade reunida para o estudo da Lei e celebram a *"festa do sétimo mês"*, conforme prescrita na Lei do Senhor escrita por intermédio de Moisés (Ne 8).

De acordo com Ne 8,14-18, os repatriados "encontraram escrito na Lei que o Senhor havia prescrito por intermédio de Moisés que os filhos de Israel deveriam morar em cabanas durante a festa do sétimo mês e anunciar e mandar publicar em todas as suas cidades e em Jerusalém: 'Ide à região montanhosa e trazei ramos de oliveira, pinheiro, murta, palmeira e de outras árvores frondosas, para fazer cabanas, como está escrito". O povo partiu: trouxeram ramos e fizeram cabanas... Toda a assembleia dos que tinham voltado do cativeiro construiu suas tendas e nelas morou... Todo dia Esdras fazia uma leitura do livro da Lei de Deus, do primeiro dia ao último. Durante sete dias celebrou-se a festa; no oitavo houve, como estava escrito, uma reunião solene".

A prescrição de construir tendas e nelas morar aparece somente no relato de Lv 23. Contudo, tal relato não ordena que seja anunciado e publicado que os israelitas deveriam habitar em cabanas. Por outro lado, não é observada, no relato de Ne 8, a obrigação de apresentar oferendas queimadas ao Senhor. A duração de sete dias, concluindo com uma assembleia ao oitavo e o clima de alegria, concordam com os relatos de Lv 23, Nm 29 e 2Cr 5–7. A leitura diária da Torá concorda somente com o relato de Dt 31,10-13.[128] A leitura diária da Torá, em sintonia com a Festa de *Sucot*, tem como objetivo legitimar ideológica-teologicamente os repatriados como o verdadeiro Povo de Deus. Esta ideia fica mais clara quando o autor narra que *"toda a assembleia dos que tinham voltado do cativeiro construiu assim tendas e nelas morou"* (Ne 8,17).[129]

A prescrição de habitar em cabanas surge dentro da perspectiva histórica proposta por Levítico de fazer a memória de que *"eu*

---

[128] H. Ulfgard, The Story of Sukkot, 135.
[129] H. Ulfgard, The Story of Sukkot, 136.

[o Senhor] fiz os israelitas habitarem em cabanas, quando os fiz sair da terra do Egito" (Lv 23,43).[130] Ulfgard acredita que o *"anunciar e mandar publicar"* presente em Ne 8 seja uma tentativa de formular algum tipo de um midrash haláquico a fim de legitimar este modo de celebrar *sucot*.[131] Outra questão controversa no relato de Ne 8 é a lista de plantas, que não confere com o relato de Lv 23. O relato de Levítico especifica o uso de frutos formosos, ramos de palmeiras, ramos de árvores frondosas e de salgueiros, enquanto a lista de Ne 8 recomenda o uso de ramos de oliveira, pinheiro, murta, palmeira e outras árvores frondosas (Ne 8, 15). Apesar do problema de tradução dos nomes das plantas para a edição em língua portuguesa da Bíblia de Jerusalém, as duas listas possuem em comum apenas o uso de ramos de palmeira.[132]

Uma questão particular é a ligação entre o momento celebrativo (leitura da Torá e a Festa de *Sucot*) e a figura de Josué. Ulfgard acena para o fato de que não existe nada na história bíblica sobre Josué, filho de Num, que o conecte com a renovada celebração de *Sucot* dos repatriados.[133] Talvez a referência a Josué, filho de Num, deseje estabelecer uma relação entre os israelitas, que entram na Terra Prometida guiados por Josué e os repatriados que agora retornam para Jerusalém sob o comando de Neemias.[134] Talvez aqui Neemias seja apresentado como o novo Josué, a quem cabe a responsabilidade de reorganizar a nova comunidade. Claro que tal hipótese não esclarece a relação entre Josué e a Festa de *Sucot*. Myers, por sua vez, observa que a expressão *"os filhos de Israel não tinham feito nada disso desde os dias de Josué, filho de Num"* (Ne 8,17) possui paralelos com outras ocasiões (2Rs 23,22; 2Cr 30,26; 35,18).

---

[130] R. Martin-Achard, "Sukkot", 50: "Ne 8,13-18 se refere, sem dúvida alguma, às prescrições de Lv 23".
[131] H. Ulfgard, The Story of Sukkot, 132.
[132] H. Ulfgard, The Story of Sukkot, 133.
[133] H. Ulfgard, The Story of Sukkot, 136.
[134] H. Ulfgard, The Story of Sukkot, 136.

Mas em Ne 8 a relação entre a *Sucot* e Josué tem a finalidade de associar a festa com o período do deserto, quando o Senhor vivia em um tabernáculo, e o povo em cabanas (Lv 23,43; Os 12,9) e ao mesmo tempo desvincular a festa da sua característica agrícola.[135] Ulfgard é do parecer de que os estudiosos devem ter muita cautela ao tratar do tema "Josué" em Ne 8 para não vir a deturpar a mensagem essencial que o texto quer transmitir, pois existem boas razões para encontrar o principal ponto de referência de Josué na situação análoga, como descrita pelo autor: o retorno do Povo Eleito de Deus para a sua Terra Prometida, onde eles podem realizar seu divino chamado para a santidade, tendo a Torá como centro. Toda a descrição de Ne 8–10 conduz a estabelecer uma relação com a renovação da Aliança como aquela conduzida por Josué em Siquém (Js 24).[136] Rubenstein reafirma tal relação entre Ne 8 e Js 24, mas acrescenta a figura de Josias, sua reforma, a descoberta da Lei e a renovação da Lei (2Cr 34-35), como também um modelo de inspiração para o redator de Neemias.[137]

3.3. A Festa de Sucot em Esdras e Neemias

O relato de Esd 3 quer enfatizar que os sacrifícios da Festa de *Sucot* dão início à vida cultual de Jerusalém, seguido pelo Sábado, Lua Nova e outros festejos (Esd 3,4-5). Assim, o início do ciclo festivo de Israel através de *Sucot* liga-se com a dedicação do

---

[135] J. M. Myers, Ezra. Nehemiah, 157. H. Ulfgard, The Story of Sukkot, 137. J. L. Rubenstein, The History of Sukkot..., 41: "Associar a festa com um importante evento histórico é familiar à tradição bíblica. Blenkinsopp indica seis exemplos: a dedicação do primeiro Templo (*Sucot*, 2Cr 5-7); a conclusão da reforma de Ezequiel (*Pessach*, 2Cr 35,1-19); a conclusão do primeiro retorno (*Sucot*, Esd 3,1-6), a conclusão do Segundo Templo (*Pessach*, Esd 6,19-22), a conclusão da reforma de Esdras (*Sucot*, Ne 8,13-18) e o relato da reforma de Josias, que, em particular, revela um importante paralelo em Ne 8 (2Rs 23,22; 2Cr 30,26; 35,18).
[136] H. Ulfgard, The Story of Sukkot, 138.
[137] J. L. Rubenstein, The History of Sukkot..., 41.

Templo de Salomão e, ao mesmo tempo, confere legitimidade ao novo culto.[138]

Os relatos de Esdras e Neemias apresentam uma tensão entre si. Esdras narra a Festa de *Sucot* em uma dimensão pró-Templo, exaltando a dimensão sacrificial da Festa com a reconstrução do altar,[139] enquanto Neemias destaca a centralidade da Lei, com as leituras diárias, o ato de morar em tendas e a popular aclamação da Lei e restauração da Aliança,[140] como memória do deserto. Ambos os relatos expressam que a celebração da Festa de *Sucot* é celebrada em obediência à Lei de Moisés. Porém, ambos os relatos possuem perspectivas diversas. Este fato demonstra que a Lei é o centro da vida cultual e social dos repatriados, mas o modo de compreensão diverge profundamente entre eles. Por outro lado, *Sucot* é uma referência importante na estrutura global de Esdras e Neemias por causa da sua ideologia,[141] principalmente pelo seu caráter popular e relação com o Templo.

Rubenstein acena para o fato de que os repatriados celebram a Festa como prescrição da Lei, mas que desconheciam por completo tal solenidade. Assim, a Torá aparece como um manual de orientação, que ensina como os repatriados devem celebrar. Não existe a espontaneidade familiar e comunitária das tradições locais ao observar as solenidades do Senhor. Os repatriados apenas obedecem às prescrições da Lei.[142]

Tendo em vista que os repatriados buscam celebrar *Sucot* em obediência à Lei, é interessante notar que a descrição da Festa de *Sucot* no Pentateuco difere nos diferentes livros. Rubenstein sugere que talvez os repatriados, ao tentarem compreender o modo de celebrar a Festa de *Sucot*, tenham mesclado as tradições criando um modo próprio de celebrar. Isto explicaria as coerências e incoerências presentes em Esdras e em Neemias em relação ao

---

[138] J. L. Rubenstein, The History of Sukkot..., 33 e 43.
[139] H. Ulfgard, The Story of Sukkot, 139.
[140] H. Ulfgard, The Story of Sukkot, 139.
[141] H. Ulfgard, The Story of Sukkot, 139.
[142] J. L. Rubenstein, The History of Sukkot..., 35.

respectivo texto do Pentateuco e, ao mesmo tempo, não sabemos quais textos os redatores de ambos os textos (Esd e Ne) tinham em mãos ao elaborar a prescrição de *Sucot* e as demais festas.[143] Em todo caso, a necessidade de estabelecer uma estreita ligação entre o Primeiro e o Segundo Templo era uma questão fundamental,[144] e a Festa de *Sucot* era a solenidade que possuía todas as características para tal empreitada.

A celebração de *Sucot*, no início do Segundo Templo, significava a continuidade com o Primeiro Templo, após cinquenta anos de cessação da vida cultual. Josué e Zorobabel, imagem da dedicação do Templo de Jerusalém por Salomão, reconstroem o altar e oferecem sacrifícios durante a Festa de *Sucot*.

O povo reunido em Jerusalém, no sétimo mês, indica que a festa outonal ainda permanecia importante e talvez a principal referência para a vida religiosa e social de Judá. A obrigação de morar em cabanas constitui um novo elemento de uma possível antiga prática da Tradição Sacerdotal. Aqui percebemos a força de coesão imposta pela Torá no período do Segundo Templo, que faz, segundo Rubenstein, ironicamente, a Festa de *Sucot* vir a ser um título mais apropriado agora, do que quando era mais intimamente ligado à agricultura.[145] A Festa é usada em Esdras e Neemias como referência histórica e teológica. A comunidade, que havia negligenciado a Lei do Senhor resultando no exílio da Babilônia, agora possui como única referência para reiniciar uma nova vida na "Terra Prometida" a estrita observância da Torá como obediência ao Deus de Israel a fim de alcançar novamente os favores de outrora.[146] Os repatriados reunidos em Jerusalém assumem o papel do verdadeiro Israel e os legítimos herdeiros e continuadores do Israel pré-exílico.[147] O Templo é o local, o povo legítimo são os repatriados e o momento é a Festa de *Sucot*.

---

[143] J. L. Rubenstein, The History of Sukkot..., 36-37.
[144] J. L. Rubenstein, The History of Sukkot..., 39.
[145] J. L. Rubenstein, The History of Sukkot..., 44.
[146] J. L. Rubenstein, The History of Sukkot..., 45.
[147] H. Ulfgard, The Story of Sukkot, 140.

4. A Festa de *Sucot* em 1 e 2 Macabeus

A guerra dos Macabeus marca o fim da dominação grega sobre Judá. As imposições do governador selêucida Antíoco IV Epífanes (175-163), aliadas aos conflitos internos de interesses pró e contra à dominação selêucida, levaram Judá a uma profunda crise. Principalmente depois do edito de Antíoco IV (1Mc 1,41-64; 2Mc 6,1-11.18-31), o qual obrigava os judeus a abdicarem de sua fé, em prol da helenização da religião judaica. O choque com os judeus tradicionais foi inevitável, como se pode constatar nos livros de Daniel e 1 e 2 Macabeus. A rebelião explodiu pouco depois da publicação do edito em Modin, liderada por Matatias (1Mc 2,1ss). Com sua morte, a rebelião foi levada avante por seus filhos (João, Simão, Judas, Eleazar e Jônatas). Primeiro por Judas, o terceiro filho, apelidado de Macabeu (= "o martelo"). Judas transformou a resistência judaica em uma luta nacional pela independência, que obteve grande sucesso e passará para a história com o nome de "Guerra dos Macabeus".[148] Em 164 a.C. Judas entra triunfalmente em Jerusalém, prende a guarnição selêucida da cidade e dá início ao processo de purificação do Templo (1Mc 4,36-59). Todo o aparato de Júpiter Olímpico foi removido. O altar profanado foi derrubado, e suas pedras amontoadas à parte *até que chegasse um profeta para dizer o que fazer com elas* (1Mc 4,46). Foi erguido um novo altar no seu lugar. Os sacerdotes fiéis foram reintegrados nas suas legítimas funções e em dezembro de 164, três anos após ter sido profanado, o Templo de Jerusalém foi reconsagrado.[149]

---

[148] J. Bright, História de Israel, 569-582.
[149] J. Bright, História de Israel, 581-582; E. Nodet, "La Dédicace, les Maccabées et le Messie", in RB 93 (1986) 323: "O primeiro livro dos Macabeus relata (1Mc 4,36-59) que após a vitória sobre o exército selêucida enviado por Antíoco Epífanes, Judas e seus irmãos subiram para Jerusalém, purificaram e restauraram o santuário e, em seguida, deram início ao sacrifício em 25 de Casleu de 148 (da era selêucida). Esta dedicação foi marcada por oito dias de júbilo e ficou decidido celebrar todos os anos na mesma data uma festa de oito dias para comemorar o evento".

A diferença da dedicação do altar ao tempo de Salomão e, posteriormente, Esdras, é que a dedicação do altar à época dos macabeus marca a vitória da insurreição judaica sobre os gregos.[150] A solenidade passa para o calendário judaico como Festa da Dedicação (*Chanuca*)[151] ou Festa das Luzes.

2 Macabeus relata o mesmo episódio da consagração do altar, mas fala de uma "Festa das Tendas"[152] em 25 de Casleu (= dezembro).

Para uma melhor compreensão de *Chanuca* e *Sucot* em 1 e 2 Macabeus, será necessário analisar algumas passagens que fazem referências às festas.

A "carta 0" (2Mc 1,7s), de 143 a.c., está englobada na "primeira carta" (2Mc 1,1-10). Segundo Vicent,[153] nesta carta existem algumas analogias com os "dois apelos aos exilados" de Zc 2,10-17: linguagem universalista e, ao mesmo tempo, centralidade da Terra Santa, em que Deus vem morar (Zc 2,14.15.17). A chamada dos hebreus do Egito (na linha de Zc 14,16-19) supõe que Deus escolheu novamente Jerusalém e o seu Templo como centro de peregrinação. O destaque de 2Mc 1,7s à oração de súplica (δέομαι) pressupõe um Templo legítimo na linha de 1Rs 8, Is 56 e Zc 14.[154]

A primeira carta (2Mc 1,1-10), de 124 a.C.,[155] endereçada pelos juízes de Jerusalém e da Judeia aos juízes do Egito, repete o convite para celebrar uma festa que, no momento, se chama

---

[150] E. Nodet, "La Dédicace, les Maccabées et le Messie", 323.
[151] J. L. Rubenstein, The History of Sukkot..., 61: "Aparentemente, a solenidade era conhecida por diversos nomes, até que o título Hanucá (Dedicação) tornou-se predominante. Josefo chama-a de Festa das Luzes (Phota), enquanto as do início do Segundo Livro dos Macabeus, de Purificação e *Sucot* do mês de Casleu [nota 72 = 1Mc 4,56 (Dedicação); 2Mc 1,18; 2,16 (Purificação)]".
[152] 1 e 2 Macabeus denominam a Festa de *Sucot* como Festa das Tendas.
[153] R. Vicent, La Festa Ebraica delle Capanne (Sukkot), 95; E. Nodet, "La Dédicace, les Maccabées et le Messie", 331.
[154] R. Vicent, La Festa Ebraica delle Capanne (Sukkot), 95.
[155] R. Vicent, La Festa Ebraica delle Capanne (Sukkot), 95. J. L. Rubenstein, The History of Sukkot..., 181.

"Festa das Tendas do mês de Casleu", em vez de usar o nome adotado pelos asmoneus de "Festa da Dedicação" (1Mc 4,36-54).[156] A solenidade surge como um desdobramento ou cópia da Festa de *Sucot*. O autor insiste sobre a fidelidade à Lei e evoca, indiretamente, a consagração do Templo de Salomão (1Rs 8,65), a dedicação do altar (Esd 3) e a promulgação da Lei (Ne 8).

A segunda carta (2Mc 1,10b-2,18), de 103 a.C., enviada pelo povo de Jerusalém, da Judeia e pelo Conselho dos Anciãos a Aristóbulo e judeus no Egito,[157] destaca a importância do altar e do fogo.[158] De fato, o Templo e o altar tinham sido profanados através de imagens e cultos pagãos. O novo altar, legitimado com "fogo do céu" em sintonia com o relato de 1Cr 21,26, no qual Davi constrói um altar no lugar onde futuramente será erguido o Templo de Jerusalém e tal altar é legitimado pelo Senhor, enviando fogo do céu. Na obra cronista, o mesmo fato se repete durante a consagração do Templo de Jerusalém. Após o término da oração de Salomão, o Senhor envia fogo do céu consumindo os sacrifícios, e a glória do Senhor toma conta do Templo (2Cr 7,1; 5,14). Vicent chama a atenção para o fato de que, para o significado da festa, é importante constatar em 2Mc 1,10b-2,18 como se relacionam, de modo esmerado, os diversos temas: purificação (1,18.36; 2,16), dedicação (2,9), tendas – fogo (1,18). A referência a *Sucot* é sublinhada pela relação "nuvem-glória" ao tempo de Moisés e de Salomão.[159] Rubenstein acredita que a segunda carta também quer ser uma peça de propaganda do triunfo asmoniano, além de incentivar os judeus no Egito a celebrarem a nova solenidade.[160]

O relato de 1Mc 4,36-59, de 90 a.C., aborda os temas da "purificação" e "dedicação do Templo" após a derrota de Lísias. O particular deste relato é que a purificação contará com uma

---

[156] R. Vicent, La Festa Ebraica delle Capanne (Sukkot), 95-96.
[157] E. Nodet, "La Dédicace, les Maccabées et le Messie", 333.
[158] E. Nodet, "La Dédicace, les Maccabées et le Messie", 334.
[159] R. Vicent, La Festa Ebraica delle Capanne (Sukkot), 96; E. Nodet, "La Dédicace, les Maccabées et le Messie", 335.
[160] J. L. Rubenstein, The History of Sukkot..., 59-60.

intervenção direta de Deus, que enviará um profeta para anunciar o que fazer com as pedras do altar profanado (v. 45). O relato de 2Mc 10,1-8, de 76 a.c., fala da Festa da Purificação, com o qual se conclui a primeira parte do livro. O texto relembra a impossibilidade de os judeus celebrarem a Festa de *Sucot*, por estarem refugiados na montanha e assim celebram a Festa da Dedicação ao modelo da Festa de *Sucot*, ou seja, o rito da Festa de *Sucot* (2Mc 10,7 = Lv 23,40 e Ne 8 – ramos) é transferido para a Festa da Dedicação. Porém, não é mencionado o uso de tendas.[161]

A diferença entre 1 e 2 Macabeus é que o primeiro busca recriar o serviço do Templo e da dinastia pontifícia na imagem da Festa de Dedicação e, ao mesmo tempo, exalta o nacionalismo territorial sombrio e aristocrático, consciente das eventualidades políticas trazidas das potências vizinhas. O segundo toma em consideração a fragilidade das instituições de Israel e reinterpreta a festa como a permanência do deserto, levando em consideração o senso comunitário e a responsabilidade individual.[162]

5. Relação entre *Chanuca* e *Sucot*

O nome da festa e sua imediata associação indicam que o autor reconhece a primazia de *Sucot*.[163] Os dois livros, 1 e 2 Macabeus, aludem à Festa de *Sucot* (1Mc 10,21; 2Mc 10,6). Contudo, somente 2 Macabeus relaciona a Festa de *Sucot* com a renovação do culto por Judas Macabeu. A vitória conquistada por este evoca novamente o profundo sentimento de pertença a Deus, de posse da terra, do Templo central. Naturalmente, a solenidade de *Chanuca* não deixava de evocar a consagração do Templo por Salomão (1Rs 8) e da Tenda de Moisés (Lv 9,23-24). A Festa de *Sucot* e sua relação histórica com dedicação-consagração do

---

[161] R. Vicent, La Festa Ebraica delle Capanne (Sukkot), 96-97.
[162] E. Nodet, "La Dédicace, les Maccabées et le Messie", 338.
[163] J. L. Rubenstein, The History of Sukkot..., 58.

Templo serviram como modelo para a nova festa.[164] A novidade é que a purificação do altar agora é instituída como festa anual.[165] Por outro lado, a Festa da Purificação é apresentada como mais um "elo da corrente" das cerimônias de dedicação.[166]

2 Macabeus relaciona a Festa de *Chanuca* com a Festa de *Sucot* porque esta traz consigo a memória do Templo e do Altar. Certos traços de *Sucot* se fazem sentir, como o uso de ramos, a memória da dedicação, os sacrifícios, o milagre do fogo, a alegria. Por outro lado, alguns elementos de *Sucot* são excluídos, como a leitura da Torá e o uso de tendas. O contrário também acontece, ou seja, certos traços de *Chanuca* entram para a liturgia de *Sucot*, como a renovação da vida cultual e o contexto de vitória militar. Nesse sentido se entende o fato de Jônatas se apresentar com vestes sagradas durante a Festa de *Sucot* recrutando tropas e fabricando armas (1Mc 10,21).[167]

Segundo Ulfgard, existe uma conexão entre a nova dedicação do Templo e a antiga solenidade bíblica da inauguração do altar e do Templo, que são relacionadas com *Sucot*.[168] A purificação do Templo é celebrada como *Sucot* por oito dias, com alegria, louvores a Deus e uso de ramos. Contudo, Ulfgard indaga: "Por que existe uma fundamental associação entre *Sucot* e *Chanuca*? Por que o autor quis terminar fazendo referência a *Sucot*? Os detalhes revelam alguma coisa sobre o modo como é vista a Festa de *Sucot* pelo autor?" Como resposta, Ulfgard salienta que as cartas apresentam *Sucot* como modelo. Porém, Rankin acredita que *Sucot* como modelo não é o caso, pois esta não era uma festa

---

[164] J. L. Rubenstein, The History of Sukkot..., 60.
[165] R. Vicent, La Festa Ebraica delle Capanne (Sukkot), 97; J. L. Rubenstein, The History of Sukkot..., 59.
[166] J. L. Rubenstein, The History of Sukkot..., 59.
[167] R. Vicent, La Festa Ebraica delle Capanne (Sukkot), 97-98. J. L. Rubenstein, The History of Sukkot..., 63-64. H. Ulfgard, The Story of Sukkot, 180-181. Ulfgard analisa as tensões políticas e religiosas entre os diferentes grupos judaicos e a importância de *Sucot* neste contexto. O autor acena para o ponto de vista de 1 Macabeus diferente daquele do livro de Jubileus, datado do mesmo período, como veremos mais adiante.
[168] H. Ulfgard, The Story of Sukkot, 183.

de inauguração e assim é impossível que *Chanuca* tenha assimilado tal ideia de *Sucot*. Dessa forma, *Sucot* foi influenciada pelo processo de helenização, principalmente pela Festa de Dionísio, representada pelo clima de alegria, do vinho e do uso de um ramalhete de ramos. Rankin também apresenta a antiga tradição pagã presente em diversas culturas da solenidade do Solstício de Inverno, que pode ter sido introduzida em Israel durante a dominação selêucida, sendo revogada durante a Guerra dos Macabeus e reinterpretada após a sua vitória, através da introdução da Festa de *Chanuca*, no mesmo dia da festa precedente, ou seja, 25 de dezembro.[169] No entanto, Ulfgard contesta a teoria de Rankin afirmando que o autor é influenciado pela História Comparada das Religiões (*religionsgeschichtliche Tradition*), que procura explicar a origem, no caso de *Chanuca*, fora da tradição bíblica, e não leva em consideração toda uma longa tradição presente dentro da própria Bíblia.[170] Ulfgard acredita que o texto de 2 Macabeus, que pode ser da última década antes de Cristo, é um importante testemunho do processo de helenização de *Sucot* durante o período asmoneu, principalmente através da menção ao uso de tirsos.[171]

A argumentação de Ulfgard, inspirado por Rankin, pode ter algum fundamento. Que um processo de inculturação possa ter existido é plenamente plausível. Contudo, afirmar que *Sucot* ou *Chanuca* assumam as tradições da Festa de Dionísio não parece

---

[169] O. S. Rankin, The Origins of the Festival of Hanukkah, the Jewish new-age festival, T&T Clark, Edinburgh 1930, 91.104-105: "O exame das semelhanças e diferenças das duas solenidades indica que ambas possuem qualidades em comum, mas que isto não significa que Hanucá seja modelada em Tendas. Hanucá possui semelhanças com Tendas em quatro pontos: (1) oito dias de duração; (2) Canto do Hallel; (3) uso de ramos; e (4) as luzes (Wellausen, Nachr. V. d. Gesch. D. Wiss. Zu Göttingen, 1905, p. 131). Para o autor, a Festa de Hanucá é somente uma adaptação da festa de Dionísio. O autor prossegue o estudo apresentando outras solenidades pagãs relacionadas com o solstício de inverno, em 25 de dezembro.
[170] H. Ulfgard, The Story of Sukkot, 184.
[171] H. Ulfgard, The Story of Sukkot, 183-185.

convincente, sobretudo para um exasperado nacionalismo que tende a exaltar a sua própria identidade. Os judeus não aceitariam voluntariamente as tradições de uma cultura inimiga recém--derrotada. Claro que popularmente, levando-se em conta que muitos judeus aceitaram a nova cultura que se impunha sobre Israel, "por ser uma cultura elevada e internacional", podem ter assumido com muita tranquilidade novidades trazidas de fora, como uma festa popular. Em todo caso, *Chanuca*, como uma imitação de *Sucot*, revela novamente uma forte ligação entre *Sucot* e o Templo.

Para Judas, a impossibilidade de celebrar *Sucot* era a principal consequência da perda do Templo. Tendo vencido e purificado o Templo, os judeus agora podiam celebrar *Sucot* de modo apropriado. Reiniciar a celebrar *Sucot* era o principal benefício do Templo purificado.[172]

Zeitlin salienta que a vitória dos judeus da terra de Israel sobre a dominação grega não implicava necessariamente a instituição de uma nova festa, ou seja, os judeus da diáspora não tinham a intenção de reconhecer uma nova festa, pois não havia motivo suficiente para tal instituição. Dessa forma, o autor de 2 Macabeus não se prende à questão da vitória dos judeus sobre os gregos, mas sim sobre o milagre do fogo como motivo da instituição da festa. Levando-se em conta que a escritura era a base comum entre os judeus de Israel e aqueles da diáspora, o autor busca nas tradições bíblicas motivo que possa legitimar a instituição da Festa de *Chanuca*. O milagre do fogo é uma duplicação de uma festa (aqui no caso *Sucot*) que possui fundamentação bíblica a partir de fatos anteriores na história de Israel.[173] Quanto à duplicação de uma festa, o autor de 2 Macabeus pode ter-se inspirado em 2Cr 30, em que o rei Ezequias convoca toda a população de Israel e Judá para celebrar

---

[172] J. L. Rubenstein, The History of Sukkot..., 63.
[173] S. Zeitlin, "Hanukkah, its origin and its significance", in Solomon Zeitlin's Studies in the Early History of Judaism, I, KTVA Publishing House, New York 1973, 259-262.

a Páscoa no segundo mês, *"já que não mais podiam celebrá-la na própria data"* (2Cr 30,2-3). Ezequias sucede ao pai Acaz no trono de Jerusalém, e uma das primeiras medidas tomadas foi purificar o Templo, que havia sido profanado pelo seu pai (2Cr 28,1-27). O quadro de história se adapta bem ao contexto de 2 Macabeus, seja pela condição de profanação do Templo por Acaz, seja pela purificação do Templo (2Cr 29) e duplicação da festa das Páscoa (2Cr 30). Quanto ao tema do fogo descido do céu, o autor de 2 Macabeus pode ter-se inspirado no relato da consagração do Templo de 2Cr 7,[174] o qual relata que, após as orações proferidas por Salomão, desceu fogo do céu e consumiu o holocausto, que estava sobre o altar e, em seguida, a glória de Deus envolveu o interior do Templo, bem como o relato da consagração da Tenda erigida por Moisés para conter a Arca da Aliança (Lv 9,22-24).

Morgenstern acredita que a origem da Festa de *Chanuca* está ligada à solenidade do ano-novo Sírio. A solenidade era propícia para a consagração de templos, o que teria motivado a Antíoco IV Epífanes a introduzir a imagem de Zeus no Templo de Jerusalém e dar início a seu culto, na data de 25 Casleu = 25 de dezembro. A dedicação do altar pelos asmoneus ocorre justamente na mesma data, três anos após. Morgenstern acredita que os asmoneus tentaram realizar uma substituição cultual de uma prática pagã introduzida em Israel, ou seja, a solenidade de ano-novo.[175]

---

[174] Ver também 1Cr 21,26. Aqui Davi constrói um altar e apresenta os sacrifícios que são consumidos pelo fogo descido do céu. Leve-se em conta que o altar de Davi foi construído no lugar onde, futuramente, será edificado o Templo de Jerusalém.

[175] J. Morgenstern, "The Chanukkah Festival and the Calendar of Ancient Israel", in HUCA 20 (1947) 1-136. O autor aborda a relação entre a Festa de *Chanuca*, com a solenidade de Ano-Novo da Síria e outros paralelos anteriores e posteriores, como a festa de Dionísio, de Santa Bárbara, de Dusares, de Saturno. Além disso, argumenta o tema do equinócio e do solstício de inverno. Quanto ao solstício de inverno, Morgenstern apresenta o calendário sírio, com a solenidade de Ano-Novo, celebrado por oito dias, tendo a sua conclusão em 25 de dezembro, dia do solstício de inverno. No caso, *Chanuca* foi introduzido em Israel em substituição

A teoria é interessante, mas não encontramos uma sustentável fundamentação bíblica para legitimar tal hipótese, permanecendo, assim, a possibilidade de que tal solenidade estrangeira possa ter entrado na tradição popular de Israel, como já abordado anteriormente.

Nodet observa que a Festa de *Chanuca* durante o período rabínico sofreu uma depreciação, assumindo um posto secundário entre as solenidades religiosas de Israel.[176] Por outro lado, o Evangelho de São João, ao contrário dos sinóticos, indaga sobre a messianidade de Jesus justamente durante esta solenidade:[177] *"Houve, então, a festa da Dedicação, em Jerusalém... Jesus andava pelo Templo, sob o pórtico de Salomão. Os judeus, então, o rodearam e lhe disseram: Até quando nos manterás em suspenso? Se és o Cristo, dize-nos abertamente. Jesus lhes respondeu: Já vo-lo disse, mas não acreditais"* (Jo 10,22-25). A questão da messianidade de Jesus posta em relação ao Templo e à Festa da Dedicação recebe a resposta a partir da imagem anterior proposta por Jesus como o Bom Pastor e das Obras Verdadeiras e segue imediatamente o modelo macabaico.[178]

Nodet lembra que 1 e 2 Macabeus não entram para o Cânon do *texto massorético*, e a festa durante o período rabínico é motivo de debate e não goza de muita importância. 1 Macabeus apresenta *Chanuca* como uma festa de inauguração do altar após a vitória sobre os selêucidas e a purificação do altar. A festa possui um tom de vitória nacional celebrada por oito dias a partir de 25 de Casleu de 148 (era selêucida). A diferença da dedicação no tempo de Salomão e Esdras é de que aqui a festa é

---

a esta festa, porém, tendo o início a partir de 25 de dezembro e a duração de oito dias.
[176] E. Nodet, "La Dédicace, Les Maccabées et le Messie", 321: "A Festa da Dedicação (Hanucá) tornou-se discreta a partir do judaísmo rabínico, apesar da sua prestigiosa origem".
[177] E. Nodet, "La Dédicace, les Maccabées et le Messie", 321-322.
[178] A Festa da Dedicação em Jo 10 será vista mais adiante, quando tratarmos da Festa de *Sucot* dentro do Evangelho de João.

celebrada em um clima de vitória pela insurreição nacional sobre a imposição grega, e Judas e seus companheiros se apresentam como os únicos legítimos judeus. Por outro lado, 2 Macabeus narra o mesmo episódio, falando de uma "Festa de *Sucot* de 25 de Casleu".[179]

Nodet argumenta ainda que o declínio definitivo da festa de *Chanuca* na Palestina, assim como da narração da sua origem (1 Macabeus), foi, entre outras, consequência do irreparável fracasso da tentativa messiânico-militar de Bar-Kokeba.[180]

6. Características da Festa de *Sucot* durante o período pós-exílico

A Festa de *Sucot* durante o pós-exílio, dentro da tradição bíblica, se apresenta como um caleidoscópio de imagens e significados. Um elemento comum é, sem dúvida, a sua relação com o Templo de um lado e com a Lei do outro. Na realidade, encontramos no período pós-exílico duas realidades distintas, que se completam e se excluem reciprocamente, que podemos chamar de sacerdotal, centrada no culto do Templo, e laical, centrada na sinagoga. Ambas as realidades, sacerdotal e laical, reivindicam, a seu turno, a legitimidade da compreensão da Lei. Esd 3 e Ne 8 são protótipos desta nova maneira de ser de Israel do pós-exílio. Além destas características, sacerdotal e laical, a nova comunidade de Israel contará com influências culturais e religiosas advindas através de intercâmbio com outras culturas, que acrescentam e inovam ou perturbam a vida cultural e religiosa israelita.

No caso da Festa de *Sucot*, encontramos, na linha do culto do Templo, a dedicação do altar do Templo de Jerusalém em Esd 3, com a chegada dos repatriados, que acontece durante tal festa, dentro da antiga tradição da consagração da Tenda de Moisés e

---

[179] E. Nodet, "La Dédicace, Les Maccabées et le Messie", 323.
[180] E. Nodet, "La Dédicace, Les Maccabées et le Messie", 321.

do Templo de Jerusalém, por Salomão. Por outro lado, na perspectiva laical e sinagogal, encontramos a proclamação da Lei do Senhor inserida dentro da solenidade de *Sucot* com a construção de tendas, segundo a descrição de Ne 8. Leve-se em conta que Esd 3 tem como base a redação de Lv 23, a respeito da Festa de *Sucot*.

Lv 23 acentua a dimensão cultual dos sacrifícios, enquanto Ne 8 exalta o uso de tendas, na linha da memória do Êxodo, dentro da influência da obra deuteronomista de Dt 31, que evoca a convocação de todo o Israel a cada sete anos e a leitura pública da Lei durante a solenidade de *Sucot*.

Um avanço na evolução de *Sucot* é a profecia de Zc 14, na qual é exaltada a festa como a solenidade dos tempos escatológicos.

Um caso à parte é a descrição do surgimento da Festa de *Chanuca*, que aparece em 2 Macabeus em conexão com a Festa de *Sucot*, como uma segunda Festa de *Sucot* a ser celebrada ou como uma nova festa que teve a sua liturgia emprestada de *Sucot*. Em todo caso, a relação entre *Sucot* e *Chanuca* possui uma estreita relação com a purificação e a reconsagração do Templo.

Em geral, o Templo continua sendo o ponto de referência da comunidade israelita do pós-exílio e a Festa de *Sucot* ainda permanece com a sua liturgia. Em Zc 14 a Festa de *Sucot* não aparece por possuir, em si mesma, uma dimensão escatológica, mas enquanto diretamente relacionada à história do Templo e em íntima relação com este. Apesar da nova perspectiva escatológica, que assume a Festa de *Sucot* durante o período do Segundo Templo e dentro do universo deuteronomista de exaltação da Lei (Dt 31), a Festa de *Sucot* não perde o seu vínculo agrícola, de gratidão pelas colheitas obtidas e súplica pelas chuvas vindouras. Através de *Sucot*, na sua íntima relação com o Templo, que escatologicamente jorrará rios de água, a humanidade obterá ou não as chuvas. Em síntese, a Festa de *Sucot* é, ainda, a solenidade do Templo dentro de um universo agrícola. É da sua casa, o Templo de Jerusalém, que o Senhor abençoa com as chuvas.

Um dado importante a ser observado entre o pré-exílio e o pós-exílio é a mudança no universo cultual e cultural de Israel.

Tal mudança é evidente através do conflito de calendários, ou seja, de um calendário solar cananeu[181] para um lunissolar babilônico. Tal mudança de calendário apresenta um impacto significativo dentro da vida israelita, como foi possível sentir, por exemplo, através da mudança da celebração do ano-novo no equinócio de outono, ligado à festividade de *Sucot*, para a celebração do ano-novo no equinócio de primavera, ligado à Festa de *Pessach*. Tal mudança, também implica o significado de tais festas, principalmente com o processo de historização a que serão submetidas as três festas de peregrinação judaicas, ou seja, *Pessach*, fazendo memória da libertação do Egito, *Shavuot*, fazendo memória da Lei/Aliança no Sinai, e *Sucot*, fazendo memória dos quarenta anos pelo deserto.

A questão do calendário não será assimilada passivelmente pela comunidade israelita do Segundo Templo. O calendário funciona não só como um elemento unificante dentro de um determinado grupo de pessoas, mas ao mesmo tempo ele também serve para distinguir ou separar este grupo dos demais, ou seja, o calendário funciona como um marco.[182] Os essênios de Qumrã são uma prova deste conflito. Claro que a crise principal dos essênios é relacionada à questão do sacerdócio legítimo do Templo de Jerusalém, mas a adoção do antigo calendário

---

[181] H. Ulfgard, The Story of Sukkot, 39: "Numa sociedade agrária, o ritmo cronológico e o cálculo do calendário seguem a sucessão das estações climáticas. O calendário agrícola é, em primeiro lugar, solar. As fases da lua não estão em relação com os ciclos da vegetação. No mundo bíblico, o chamado calendário de Gézer, do nono século a.C., é um exemplo de calendário agrícola do Antigo Oriente Próximo que segue o ritmo climático e agrícola; assim, basicamente um ano solar. Considerando que este sistema de calendário é regido pela órbita solar, existem quatro ocasiões de especial importância durante o ano: equinócios de primavera e outono e solstícios de inverno e verão. Estes momentos dividem o ano em quatro períodos de igual duração. Leva-se em conta que a data de *Sucot* e *Pessach/Massot* pode ter sido fixada a partir da simples observação dos equinócios de outono e primavera, e não a partir da variação das datas das colheitas".
[182] H. Ulfgard, The Story of Sukkot, 37.

cananeu por parte dos essênios demonstra, por um lado, que não existia uma completa uniformidade da comunidade israelita do Segundo Templo e, por outro, que o calendário cananeu jamais deixou de fazer parte da tradição israelita. Na realidade, alterar uma data ou todo o calendário produz uma ruptura no curso normal da vida de um grupo.[183] O judaísmo do Segundo Templo tentou implantar um novo sistema de calendário, que pode ter sido assumido como imposição, mas que durante o período romano é retomado o ano-novo durante o equinócio de outono, permanecendo dentro do judaísmo atual, que celebra o ano-novo justamente durante o equinócio de outono, ou seja, em relação com a Festa de *Sucot*. Em Ex 23,16 e 34,22 prescreve que *Sucot* deve ser celebrada ao fim/passagem do ano, acompanhando o ritmo climático do Oriente Médio, onde o outono e as chuvas de inverno começam entre setembro/outubro.[184] Enquanto o calendário pós-exílico de Lv 23,5 (Ex 12,2) descreve o novo sistema de calendário com ano-novo em Abib/Nisan,[185] na primavera, *"no primeiro mês"*, e o mês de Ethanim/Tishri (set./out.) como o sétimo mês. Dessa forma, 1º de Ethanim/Tishri não é mais o primeiro dia do mês e do ano, como no antigo calendário cananeu. A mudança de sistema de calendário entre o pré e o pós-exílio evidencia, por um lado, a influência socioeconômica e cultural da Babilônia sobre Israel, que continuará durante o período persa. Por outro lado, evidencia o conflito interno da comunidade israelita entre os repatriados e o povo que habitava Jerusalém. Enquanto aqueles que habitavam em Jerusalém conservavam, entre outros, o antigo calendário cananeu, os repatriados impõem um novo sistema

---

[183] H. Ulfgard, The Story of Sukkot, 37.
[184] H. Ulfgard, The Story of Sukkot, 39.
[185] H. Ulfgard, The Story of Sukkot, 40-41: "Como os textos bíblicos revelam, a troca de calendário parece ter sido um processo gradual. Isto é perceptível pela diferença de nomes atribuídos aos meses [abbi/nisan = março-abril; etanim/tisri = setembro-outubro]". Ver quadro comparativo de nomes cananeus e babilônicos presente em J. Van Goudoever, Fêtes et Calendriers Bibliques.

de calendário traduzindo uma cultura diversa. O choque social e cultural é evidente. Ulfgard evidencia que a tensão entre diferentes sistemas de calendários (lunar, solar ou lunissolar) e a celebração do ano-novo na primavera ou no outono são claras evidências de processo de mudança durante e depois da era bíblica. Processo este que abarca dimensões (política, cultural e religiosa), que deixam seus traços na tradição bíblica, como se pode observar nos diversos grupos e movimentos em constante tensão durante a época bíblica.[186] No campo ideológico, a mudança de sistema de calendário leva a exaltar o culto do Templo. Leva-se em conta que o calendário lunissolar determina a exata data na qual as festas e demais solenidade judaicas devem acontecer. Enquanto no antigo calendário *Sucot* era celebrada no fim/passagem do ano (Ex 23,16; 34,22) e o novo calendário determina que a Festa de *Sucot* seja celebrada exatamente no dia décimo quinto do sétimo mês (Lv 23,34.39). O mesmo processo pode-se perceber no relato da Criação de Gn 1,14-19, no qual no quarto dia são criados os luzeiros do céu para separar o dia da noite e servirem de sinal para as festas e para os dias do ano. No relato da Criação de Gn 1,1-2,3, uma das intenções do autor é estabelecer o calendário lunissolar e determinar o quarto dia como dia reservado para as festas e o sábado como um dia santo e consagrado ao Senhor.

O calendário lunar, menos ligado ao ritmo das estações e ao ciclo agrícola, tornou-se propício ao judaísmo do Segundo Templo para manifestações de identidade religiosa e nacional, como se observa no processo de historização da festa judaicas.[187] Dentro desse processo de historização, *Pessach* passa a celebrar a história da libertação do Egito, *Shavuot* a Aliança do Sinai e *Sucot* a memória dos quarenta anos pelo deserto sob a proteção do Senhor. O processo de historização, das duas primeiras festas, *Pessach* e *Shavuot*, será plenamente assimilado. Contudo, a última festa de peregrinação, *Sucot*, não perderá o seu caráter agrícola,

---

[186] H. Ulfgard, The Story of Sukkot, 43-44.
[187] H. Ulfgard, The Story of Sukkot, 46.

sendo mais visível, no seu bojo, a sua tradição agrícola do que a memória histórica com a qual foi relacionada. Não por menos Zc 14 relaciona a perspectiva escatológica com o tema da chuva. O processo de imposição babilônica e, posteriormente, persiana é claramente visível nas obras de Esdras e Neemias. Como representantes da *golah*, do verdadeiro Israel, Esdras e Neemias retornam para Jerusalém com a missão de estabelecer a nova comunidade, dentro de uma nova ideologia. Pode-se dizer que existia certa liberdade religiosa,[188] mas política e economicamente, Israel era totalmente submissa ao domínio persiano. Com a mudança de sistema de calendário e historização das festas judaicas, o grau de importância das festas consequentemente muda. Nesse sentido, durante o período do Segundo Templo é acentuado a importância da Festa de *Pessach*, com a sua relação com a memória do Êxodo e é atenuado a importância de *Sucot*. Contudo, enquanto em Jerusalém procura-se acentuar a importância de *Pessach* em detrimento de *Sucot*, na literatura extrabíblica, principalmente aquela da diáspora, *Sucot* continua a ser considerada a principal e mais importante festa de Israel. Isto é outra prova de que o processo imposto pelos repatriados não foi totalmente assimilado pelo judaísmo do Segundo Templo.

O período do Segundo Templo apresenta uma fértil produção literária, representando os diversos interesses e ideologias do judaísmo deste período. Esta variedade literária nasce em ambiente palestinense e nas comunidades israelitas da diáspora. O capítulo seguinte será dedicado ao estudo da Festa de *Sucot* nos textos extrabíblicos, a fim de evidenciar qual era a mentalidade que girava dentro de Jerusalém e da diáspora do Segundo Templo. De fato,

---

[188] H. Ulfgard, The Story of Sukkot, 59: "A política persa de permitir vasta autonomia cultural e religiosa dentro do seu império é de grande importância para entender a situação geral [...] do judaísmo do Segundo Templo". Neste ponto o autor trabalha a questão da influência do governo persa sobre questão social, política, econômica e cultural de Judá, bem como os conflitos ideológicos que se desenvolvem a partir disto.

tais obras apresentam pontos de vista diversos daquele presente na literatura bíblica canônica pós-exílica, claro que mesmo nesta literatura canônica pós-exílica ressoam pontos de vista divergentes, evidenciando posturas contrastantes dentro da comunidade jerosolimita.[189]

---

[189] H. Ulfgard, The Story of Sukkot, 63: "Como revelado pelos escritos judaicos bíblicos e pós-bíblicos, Jerusalém e o seu Templo estão no foco das tensões entre diferentes grupos da população e entre diferentes correntes [...]. Os textos pós-exílicos expressam diferentes ideologias e ambições de tais grupos [...]. Todos reivindicam representar a continuação autêntica de Judá pré-exílico".

3

A FESTA DE *SUCOT* DURANTE O JUDAÍSMO TARDIO

O judaísmo pós-exílico renasce dentro de uma nova perspectiva religiosa e social. Existe uma necessidade de adequar--se às novas realidades, aos novos desafios, e ao mesmo tempo retornar às suas raízes. Todo este processo produz frutos significativos dentro do judaísmo, mas também consequências desastrosas. Além disso, o período do pós-exílio continuará assistindo à ascensão e declínio de grandes impérios e com isto o processo de domínio sobre as nações circundantes, realidade e perigo com os quais Israel deverá conviver sem perder a sua identidade de Povo Eleito. A dominação grega influencia a vida cultural e social de Israel, que não a recebeu passivamente, como provam os momentos de manifestações de identidade nacional, bem como a insurreição judaica com a Guerra dos Macabeus. Contudo, no período do judaísmo tardio, durante a dominação romana, Israel passará por outro grande conflito que novamente marcará profundamente a sua identidade.

O evento Jesus Cristo e as sucessivas insurreições judaicas de 70 e 135 d.C. fundirão os diversos movimentos dentro do judaísmo em duas principais correntes, que poderíamos chamar de judaísmo rabínico e cristianismo.

As comunidades judaicas da diáspora, já então estabelecidas, continuam a sobreviver dentro da realidade pluricultural dos diversos povos, procurando manter a sua identidade de Povo Eleito a todo custo e procurando fazer-se entender pelas demais culturas.

A Festa de *Sucot* aparece como testemunha de todo este movimento em transformação dentro do judaísmo de Jerusalém e da diáspora. A própria Festa de *Sucot* será palco de diversos eventos históricos do judaísmo/cristianismo de Jerusalém como da diáspora.

A grande produção literária bíblica e extrabíblica do período do judaísmo tardio testemunha um judaísmo em crise, mas que procura afirmar-se apesar das suas divergências ideológicas e políticas. Esses conflitos levarão Israel aos dissabores de derrocadas bélicas e, como consequência, à dor de um novo exílio.

1. A Festa de *Sucot* nos Manuscritos de Qumrã

A Festa de *Sucot* não ocupa um posto privilegiado na Biblioteca de Qumrã. As poucas referências não fornecem muitas informações a respeito da Festa de *Sucot* dentro da Comunidade Essênia de Qumrã.[1] A Biblioteca fornece algumas referências nos textos bíblicos e extrabíblicos, como no Rolo do Templo (11QT) e algumas breves referências diretas e indiretas em alguns fragmentos, como o 4QRitual de Matrimônio (4Q502). Encontramos, ainda, alguma coisa sobre *"sukka"* no Documento de Damasco e 4QFlorilégio.[2]

1.1. O Rolo do Templo

O Rolo do Templo[3] fornece instruções detalhadas sobre as medidas do Templo, ambientes internos, utensílios e sacrifícios apro-

---

[1] H. Ulfgard, The Story of Sukkot, 173; J. L. Rubenstein, The History of Sukkot..., 65; R. Vicent, La Festa Ebraica delle Capanne (Sukkot), 124.
[2] R. Vicent, La Festa Ebraica delle Capanne (Sukkot), 124.
[3] Y. Yadin, The Temple Scroll, The Hidden Law of the Dead Sea Sect, Weidenfeld and Nicolson, London 1985. O autor fornece um interessante estudo sobre a descoberta do manuscrito, o seu restauro e o seu conteúdo. Yadin é o principal pesquisador do Rolo do Templo e a maioria dos pesquisadores se reporta à sua pesquisa. O Rolo do Templo tem uma preocupação primária, como o próprio nome sugere, com o Templo de Jerusalém. O estado fragmentário do Texto deixa uma dúvida a ser resolvida, ou seja, 11QT fala de um Templo Terrestre e outro Escatológico ou somente do segundo. Por outro lado, o Texto apresenta uma novidade

priados a serem oferecidos.[4] Pode-se dizer que o Rolo do Templo (11QT) não apresenta nenhuma novidade a respeito da Festa de *Sucot*, além daquilo que já encontramos em Nm 29,12-39.[5]

A Festa de *Sucot* no Rolo do Templo (11QT) aparece respectivamente em quatro lugares, com diversos graus de santidade:[6] na seção dedicada ao altar e ao culto (11QT 11,13); na seção sucessiva dedicada ao calendário (11QT 27,10-29,2 e 11QT 29,7-10); e na seção dedicada à descrição dos átrios (11QT 42,10-43; 44,6).[7]

1.1.1. 11QT 11,13

A primeira referência à Festa de *Sucot* aparece na lista das festas. Explicitamente o autor de 11QT fala de "...*Festa de Sucot*

dentro do judaísmo, que é a Festa do Vinho e a Festa do Óleo Novo. G. W. E. Nickelsburg, Jewish Literature between the Bible and the Mishnah, Fortress Press, Minneapolis 2005, 154: "O Rolo do Templo (11Q19) foi o último Rolo de Qumrã a chegar às mãos dos estudiosos. Também é o maior dos rolos de Qumrã intacto, com aproximadamente 8 metros e consistindo em sessenta e sete colunas. Infelizmente, este rolo sofreu terríveis danos antes que fosse comprado [...]. É uma coleção de leis e prescrições sobre o Templo de Jerusalém e a Cidade Santa, tirado principalmente do Pentateuco, sistematicamente reorganizado em cinco grupos principais, e apresenta-se como uma Torá revelada [...]. O título do Rolo, não encontrado nele mesmo, reflete o lugar predominante que é dado à construção do santuário, os sacrifícios que são oferecidos nele e os estados de pureza. Os conteúdos que utilizam quatro ou cinco (escritos) fontes podem ser descritos como segue: Narrativa e introdução (cols 1-2); 1a. Construção do santuário e altar (cols. 3-13); 2. Calendário das solenidades anuais e seus sacrifícios (cols. 13-29); 1b. Construção do pátios e dos edifícios (cols. 30-45); 3. Leis de Pureza para o Templo e Jerusalém (cols. 41-51); 4. Reelaboração do Deuteronômio 12–23 (cols. 52-66+); Conclusão? (cols. 67:1-5)". Ver também E. Schürer, Storia del Popolo Giudaico al Tempo di Gesù Cristo, III, T. 1, Paideia Editrice, Brescia 1997, 527-544.

[4] J. L. Rubenstein, The History of Sukkot..., 64.
[5] H. Ulfgard, The Story of Sukkot, 175.
[6] R. Vicent, La Festa Ebraica delle Capanne (Sukkot), 126. O autor comenta na nota 44 que 11QT estende a toda a cidade a santidade prevista em Zc 14,20s, em ocasião da Festa de *Sucot*.
[7] R. Vicent, La Festa Ebraica delle Capanne (Sukkot), 126.

e na assembleia de...". A menção à "assembleia" possivelmente faça referência ao oitavo dia da Festa de *Sucot*, conhecido como *šěminî'ăseret*. Tal referência também encontramos em Jub 32,27-29, deixando transparecer que o oitavo dia já era um fato consolidado neste período.[8]

1.1.2. 11QT 27-29

A segunda e a terceira referência encontramos em 11QT 27-29, que apresenta uma lista de sacrifícios próprios para cada dia da Festa de *Sucot*. O texto está relacionado com Nm 29,12-38, mas apresenta diferenças em relação a este, talvez por se tratar de uma halaca particular.[9] 11QT 27-29, por causa do seu estado fragmentário, apresenta lacunas como a ausência dos sacrifícios prescritos do quinto ao oitavo dia.

Os fragmentos de 11QT 27 a 29 não apresentam diretamente o nome "Festa de *Sucot*", mas fazem a descrição desta festa segundo a prescrição de Nm 29.

A particularidade deste texto está no fato de relacioná-lo com o Templo de Jerusalém, possivelmente com o contexto de consagração como aquele apresentado por 1Rs 8.[10] O fragmento 11QT 29 apresenta um problema de compreensão quanto à natureza do Templo descrito. Este deixa transparecer a ideia de um Templo Escatológico e de um Templo Terrestre. Wentling[11] sintetiza as principais hipóteses sobre o Templo descrito em 11QT 29,3-10: (1) 11QT 29 descreve dois Templos. O primeiro Templo é terrestre construído segundo ordem divina por mãos humanas, no qual habita a Glória do Senhor, que será substituído por um Templo divino nos tempos escatológicos.[12] (2) 11QT 29, diante da emi-

---

[8] R. Vicent, La Festa Ebraica delle Capanne (Sukkot), 126.
[9] R. Vicent, La Festa Ebraica delle Capanne (Sukkot), 127.
[10] R. Vicent, La Festa Ebraica delle Capanne (Sukkot), 128.
[11] J. L. Wentling, "Unraveling the relationship between 11QT, the Eschatological Temple and the Qumran Community", in RQ 53-56 (1989) 61-73.
[12] Alguns outros autores seguem a hipótese propondo apenas alguma variação quanto ao significado do Segundo Templo. J. Maier (Die Tempel-

nência escatológica vivida pela comunidade, descreve a edificação do Templo Escatológico; e (3) 11QT 29 descreve um Templo espiritual, não físico, na mesma linha da expectativa escatológica do cristianismo primitivo.[13] Após sintetizar as principais hipóteses levantadas pelos exegetas a respeito da questão do Templo em 11QT e analisar o texto em questão, Wentling afirma que a hipótese de dois Templos fugiria da concepção bíblica de Qumrã. Assim, a comunidade de Qumrã descreve em 11QT um Templo a ser construído nos tempos escatológicos que já se aproximavam.[14]

1.1.3. 11QT 42,11-13

A particularidade de 11QT 42,11-13 é que propõe uma estrutura fixa, localizada no terceiro andar do Templo, especialmente elaborado para a edificação anual das tendas para a celebração da Festa de *Sucot*.[15] O modelo segue o proposto por Ne 8,16,[16] no qual os repatriados constroem tendas nos seus terraços, pátios e nos átrios do Templo.[17] Aqui o autor do Rolo do Templo pensa em uma estrutura fixa a ser usada para tal finalidade. A particu-

---

rolle, 68.89-90 – English version, The Temple Scroll, 93) sugere que o Segundo Templo descrito em 11QT 29 é uma versão idealizada do Templo reconstruído no pós-exílio. Y. Yadin, The Temple Scroll, The Hidden Law of the Dead Sea Sect, 113.

[13] J. L. Wentling, "Unravelling the relationship between 11QT, the Eschatological Temple and the Qumran Community", in RQ 53 (1989) 62-63; J. Baumgarten, Studies in Qumran Law, Brill, Leiden 1977, 83-84; B. Gärtner, The Temple and the Community in Qumran and the New Testament, Cambridge University Press, Cambridge 1965, 1-46.

[14] J. L. Wentling, "Unravelling the relationship between 11QT, the Eschatological Temple and the Qumran Community", 72-73. A questão proposta em 11QT 29 é sobre a reforma do Templo de Jerusalém aos tempos de Herodes, O Grande, que foi confiado aos arquitetos essênios. Aqui levanto uma questão para pesquisas posteriores: existiria alguma relação entre 11QT e a reforma e ampliação do Templo executada pela comunidade essênia de Jerusalém ou se trataria de realidades distintas?

[15] J. L. Rubenstein, The History of Sukkot..., 65; H. Ulfgard, The Story of Sukkot, 176-177.

[16] H. Ulfgard, The Story of Sukkot, 177.

[17] H. Ulfgard, The Story of Sukkot, 176-177.

laridade das tendas, a serem construídas no terceiro andar, é que elas servem para a permanência dos judeus que sobem para Jerusalém para a Festa de *Sucot* e nelas devem permanecer durante o período dos sacrifícios, ou seja, não era um lugar apenas para dormir e fazer as refeições, mas era o lugar de permanência durante os sacrifícios.[18]

No geral, pode-se dizer que, independente da diferença entre o Templo de Ezequiel e o de 11QT, o segundo provavelmente queira tratar do Templo de Salomão, que não possui uma plena descrição nos textos bíblicos.[19] O Primeiro Templo, de fato, não possui uma minuciosa descrição nos textos bíblicos, por outro lado, a descrição do Templo de Jerusalém feita por Flávio Josefo (*Ant.* 8,3,1-9) possui as mesmas características do modelo apresentado por 11QT.[20]

1.2. 4Q *Ritual de Matrimônio*

4Q Ritual de Matrimônio é habitualmente chamado de "4Q502". O estudo e publicação deste texto foi conduzido por Baillet.[21] A placa 4Q502 possui fragmentos de um ritual para uma celebração festiva, interpretado por Baillet como um ritual de matrimônio.[22] Baumgarten contesta a teoria de Baillet e interpreta o texto como uma celebração, possivelmente, da Festa de *Sucot*, na qual os anciãos e anciãs são os protagonistas.[23] Se-

---

[18] J. L. Rubenstein, The History of Sukkot..., 65.
[19] E. Schürer, Storia del Popolo Giudaico al Tempo di Gesù Cristo, III, t. 1, 538.
[20] E. Schürer, Storia del Popolo Giudaico al Tempo di Gesù Cristo, III, t. 1, 538.
[21] M. Baillet, Qumrân grotte 4, III: (4Q482-4Q520), Clarendon Press, Oxford 1982. E. Schürer, Storia del Popolo Giudaico al Tempo di Gesù Cristo, III, t.1, 595. Schürer apresenta um breve comentário das posições tomadas por Baillet e Baumgartem.
[22] F. G. Martínez, Textos de Qumrã, Vozes, Petrópolis 1995, 490-491.559-560.
[23] J. M. Baumgarten, "4Q502, Marriage or Golden Age Ritual?", in JJS 34 (1983) 125-135: "'Rituel de Maríage' (4Q502) consiste em 344 fragmentos de um papiro [...] em péssimo estado de conservação [...]; o manuscrito é tido como sendo do início do primeiro século da era cristã".

gundo Baumgarten, o texto 4Q502: (1) fala de data fixa para a celebração jubilosa de ação de graças pela fecundidade da terra e das pessoas; (2) exalta os anciãos; e (3) envolve a participação de homens e mulheres. O autor observa que os dois primeiros elementos indiretamente se referem à Festa de *Sucot*.[24] Baumgarten ainda apresenta outras referências que permitem intuir que se trata de um texto sobre a Festa de *Sucot*. A primeira referência está no fragmento 9, onde se lê "*nossa terra e todos os seus produtos*", esclarecendo, no entanto, que esta referência não é suficiente para afirmar que se trata do tempo da Festa. Por outro lado, a insistente repetição da palavra "*simhah*", que é facilmente associada com a Festa de *Sucot*.[25] Outra referência é ao fragmento 99, no qual aparece explicitamente a palavra "*lulav*", que é a palavra frequentemente usada pela Mixná com referências às palmas usadas na procissão da Festa de *Sucot*.[26]

Baumgarten, apesar de afirmar explicitamente que o texto 4Q502 não se trata de um Rito Matrimonial, não chega a defender uma hipótese diferente, deixando apenas o seu parecer de que o texto em questão possa se referir à Festa de *Sucot* ou a alguma outra solenidade, como a chamada "Festa dos Terapeutas" ou "Assembleia Cultual dos Terapeutas".[27]

Apesar do estado fragmentário de 4Q502, podem-se colher algumas informações interessantes: (1) se o texto litúrgico de 4Q502 reflete a prática da comunidade de Qumrã, seria mais

---

[24] J. M. Baumgarten, "4Q502, Marriage or Golden Age Ritual?", 129. O autor não especifica, no entanto, que o *śimhat bet ha-šo'ebah* trata-se do nome do último dia da Festa de *Sucot*.
[25] J. M. Baumgarten, "4Q502, Marriage or Golden Age Ritual?", 131.
[26] J. M. Baumgarten, "4Q502, Marriage or Golden Age Ritual?", 131. O Rito de Lulav será tratado especificamente mais adiante neste capítulo.
[27] J. M. Baumgarten, "4Q502, Marriage or Golden Age Ritual?", 130-134: Baumgarten faz a descrição da Festa dos Terapeutas relacionando os dados conhecidos sobre esta festa com aqueles fornecidos pelo texto de 4Q502. Como observamos das suas posições entre 4Q502 e a Festa de *Sucot*, também aqui o autor não chega a fazer uma afirmação absoluta do texto de 4Q502 com a Festa dos Terapeutas.

uma evidência de que a Festa de *Sucot* era celebrada também fora do Templo; (2) se a identificação de 4Q502 como uma popular celebração da Festa de *Sucot* é correta, temos uma evidência da participação popular nos ritos.[28]

2. A Festa de *Sucot* no livro dos Jubileus

O livro dos Jubileus é uma das mais importantes obras apócrifas do Antigo Testamento[29] e apresenta uma visão totalmente particular a respeito da Festa de *Sucot*.[30] O nome "Jubileus" surge em idade patrística, devido à preocupação do autor em estabelecer a história de Israel dentro de ciclos jubilares de quarenta e nove anos cada.[31] Outros autores preferem denominar a obra de "Pequeno Gênesis", e o autor a denomina "Lei de Moisés", como se pode observar nas primeiras páginas da obra.[32]

A estrutura do livro dos Jubileus segue a do livro do Gênesis. É por isso que frequentemente é denominada "Pequeno Gênesis". De fato, o livro dos Jubileus é uma livre reelaboração da história bíblica desde a Criação até o Êxodo. A obra toda é apresentada como uma revelação feita a Moisés no Sinai por parte do "Anjo da Presença". A história bíblica recebe especial atenção cronológica, constituída de períodos jubilares de quarenta e nove anos, ou seja, sete semanas de anos, cada uma delas com sete anos.

---

[28] J. L. Rubenstein, The History of Sukkot..., 68.
[29] A. Díez Macho, Apócrifos del Antiguo Testamento, II, Ediciones Cristiandad, Madrid 1983, 67. "O livro do Jubileus também recebeu outras denominações, facilmente explicáveis por causa do seu conteúdo, como o de Pequeno Gênesis [...], Apocalipse de Moisés, Testamento de Moisés [...] Livro da Filhas de Adão e Vida de Adão. Ver também E. Schürer, Storia del Popolo Giudaico al Tempo di Gesù Cristo, III, T. 1, 412.
[30] H. Ulfgard, The Story of Sukkot, 155. O autor faz um estudo separado do livro dos Jubileus e sua relação com a Festa de *Sucot* ao apreciar a biblioteca de Qumrã.
[31] S. Zeitlin, "The Book of 'Jubilees' and the Pentateuch", in JQR 48 (1957) 218.
[32] S. Zeitlin, "The Book of 'Jubilees' and the Pentateuch", 218.

Sendo a cronologia um motivo importante na obra. O autor dá atenção especial às festas judaicas celebradas durante o ano, reivindicando uma origem muito mais antiga para o surgimento das festas judaicas, ou seja, já durante o tempo dos Patriarcas. A origem do livro dos Jubileus é uma questão controversa. Possivelmente date do século II a.C., entre os anos 163/161, ou até, 140 a.C.[33] e tenha a sua origem em ambiente saduceu,[34] fariseu,[35] ou, ainda, asmoneu.[36] Vanderkam sugere que o livro dos Jubileus tenha sido escrito durante a passagem dos sumos sacerdotes ilegítimos (Jasão, Menelau e Alcimo) e o sumo sacerdote asmoneu Jônatas, entre os anos 159 e 152 a.C.,[37] enquanto Nickelsburg prefere situar a obra durante o processo de helenização imposto por Antíoco IV Epífanes, em torno de 168 a.C.[38] Zeitlin acredita que o livro dos Jubileus tenha surgido em oposição ao Pentateuco.[39] Por outro lado, Davenport sugere a composição do livro dos Jubileus em três fases sucessivas; a primeira parte, chamada discurso Angélico (2,1–50,4), fim do terceiro e início do II a.C., a segunda parte durante a época macabaica, entre os anos 166-160 a.C. e, finalmente, a terceira parte, dentro do ambiente qumrânico, durante o reinado asmoneu de Simão e João Hirca-

---

[33] J. C. Vanderkam, The Book of Jubilees, E. Peeters, Louvanii 1989.
[34] R. Leszynsky, Die Sadduzäer, Mayer & Müller, Berlin 1912.
[35] R. H. Charles, The Apocrypha and Pseudepigrapha of the Old Testament, II, Clarendon Press, Oxford 1913-1973.
[36] R. H. Charles, The Apocrypha and Pseudepigrapha of the Old Testament.
[37] J. C. Vanderkam, The Book of Jubilees.
[38] G. W. E. Nickelsburg, "The Bible Rewritten and Expanded", in Jewish Writings and Literary Introdution, ed. M. E. Stone, Assen, Van Gorcum 1984, 120s.
[39] S. Zeitlin, "The Book of 'Jubilees' and the Pentateuch", 228. 230-231: "Qual era a proposta do autor ao escrever o livro? [...] Eu primeiramente procurei demonstrar que o livro foi escrito em oposição ao Pentateuco [...]. A doutrina do autor do livro denominado Jubileus, no que diz respeito à entrega da Lei aos israelitas, difere do Pentateuco [...]; de acordo com o livro dos Jubileus, a Torá inteira foi escrita em tábuas celestes. Muitos dos preceitos foram observados pelos patriarcas Abraão, Isaac e Jacó, e até mesmo por Noé. Alguns dos preceitos que são incluídos nas Dez Ordens já tinham sido observados pelos Patriarcas".

no (143-104 a.C.).⁴⁰ No geral, pode-se afirmar com segurança que a obra tenha surgido durante o tumultuado século II a.C. em ambiente sacerdotal, devido à sua preocupação com culto, sacrifícios, festas e calendário.

O autor de Jubileus se esforça por centrar a sua obra dentro do calendário solar. Tal esforço, além de querer fixar e precisar os dias de festas judaicas, demonstra existir um conflito de calendário. De fato, o período do Segundo Templo enfrenta a disputa, primeiro com a imposição do calendário babilônico do tipo lunissolar, e posteriormente com a dominação helênica.

A Festa de *Sucot* aparece em Jubileus em relação a Abraão e Jacó, respectivamente nos capítulos 16, 18 e 32.⁴¹ A grande novidade apresentada pelo livro dos Jubileus sobre a Festa de *Sucot* é esta sendo celebrada pela primeira vez por Abraão, e a ocasião é a promessa do nascimento de Isaac.⁴²

A Festa de *Sucot* em Jubileus é instituída por Abraão e não por Moisés, conforme apresentado pelo Pentateuco, sendo o próprio Abraão a celebrá-la pela primeira vez. Assim, Abraão é duplamente iniciador desta festa, ao instituí-la e ao celebrá-la.⁴³ À semelhança de Nm 29,12, o autor de Jubileus denomina a solenidade de Festa de *Sucot* e, como em Nm 29,12, Festa do Senhor (Jub 16,17).

Em Jub 16,20-31, Abraão celebra a Festa de *Sucot* diante da promessa divina de uma descendência. O "júbilo" diante da promessa divina é de tal intensidade que cria o ambiente propício e característico próprio da Festa de *Sucot*. Nos textos de Lv 23,40, Dt 16,15 e Ne 8,17, o clima de "júbilo", de grande alegria, é apresentado como uma característica da Festa de *Sucot*, mas no livro dos Jubileus esta característica própria da Festa recebe uma motivação histórica, ou seja, a promessa divina do nascimento de

---

[40] G. L. Davenport, The Eschatology of the Book of Jubilees, Brill, Leiden 1971.
[41] M. Delcor, "La Fête des Huttes dans le Rouleau du Temple et dans le Livre des Jubilés", in RQ 15 (1991) 181-198.
[42] H. Ulfgard, The Story of Sukkot, 166.
[43] M. Delcor, "La Fête des Huttes dans le Rouleau du Temple et dans le Livre des Jubilés", 190.

Isaac.[44] Será ainda este fator histórico, o nascimento de Isaac, a motivação para a construção e o uso de tenda em Jubileus, bem como o uso dos ramos festivos durante a Festa de *Sucot*.[45]

Um detalhe curioso na liturgia da Festa de *Sucot* em Jubileus é o uso de coroa sobre a cabeça durante a festa. Não encontramos tal prescrição em nenhum outro texto bíblico ou extrabíblico. McRae acredita que o uso de coroas sobre a cabeça durante a festa provenha de influência grega, a partir da Festa de Dionísio.[46] Ulfgard descarta tal possibilidade de uma influência da Festa de Dionísio, pois isto seria totalmente contrário ao senso sectário de Qumrã.[47] Além do mais, a prescrição do uso de coroa sobre a cabeça durante a Festa de *Sucot* não aparece na descrição da festa presente no Rolo do Templo.[48]

O livro dos Jubileus apresenta, também, a celebração da Festa de *Sucot* presidida pelo patriarca Jacó. Em Jub 32, Jacó celebra a solenidade, sendo oficiada pelo filho Levi na função sacerdotal. No contexto de Jubileus, Levi é instituído sacerdote justamente na Festa de *Sucot*, a fim de presidir ritos próprios da Festa. O grande número de sacrifícios continua sendo uma constante. Contudo, a quantidade de animais é sempre sete ou múltiplo de sete. Em Jub 32, a Festa de *Sucot* é relacionada com o santuário de Betel. Diferente do relato do Jub 16 é que, aqui, a Festa de *Sucot* termina

---

[44] M. Delcor, "La Fête des Huttes dans le Rouleau du Temple et dans le Livre des Jubilés", 190.
[45] As plantas a serem utilizadas para a confecção do Buquê Festivo concorda com o relato de Lv 23,40.43 em oposição com Ne 8,15. Nota-se, no entanto, que as plantas festivas não são para a construção da Tenda, mas somente para o Buquê a ser usado na procissão em torno ao altar. Este rito é típico do Templo de Jerusalém, como veremos mais adiante, e possivelmente era celebrado fora do Templo.
[46] G. W. Mac Rae, "The Meaning and Evolution of the Feast of Tabernacles", 275: "The use of wreaths – if it was ever really a part of the ritual – is undoubtedly an example of Hellenistic influence upon Jewish religion"; M. Delcor, "La Fête des Huttes dans le Rouleau du Temple et dans le Livre des Jubilés", 191-193.
[47] H. Ulfgard, The Story of Sukkot, 168-169.
[48] M. Delcor, "La Fête des Huttes dans le Rouleau du Temple et dans le Livre des Jubilés", 193.

ao oitavo dia. Tal menção ao oitavo dia é a intenção de coligar a Festa de *Sucot* com a tradição do Templo. Tal intenção é comprovada pelo fato de que, imediatamente após a Festa de *Sucot*, Jacó decide construir o santuário de Betel, indicando a intimidade entre a Festa de *Sucot* e o Templo de Jerusalém e o seu caráter como festa de inauguração do Templo. No relato de Jubileus, o anjo impede Jacó de construir um templo fixo em Betel, pois *"não é este o lugar"* (Jub 32,16-22). O autor não exalta Betel, a fim de manter o foco sobre o Templo de Jerusalém.[49]

A questão sobre o local da "Casa do Senhor" não é tão simples. Apesar de se reconhecer Jerusalém como a Casa de Deus por excelência, morada do nome do Senhor, biblicamente existiu um esforço para esta adequação, ou seja, a exaltação do Templo de Jerusalém, com a supressão dos santuários locais, principalmente como o de Betel, no qual Jacó, após acordar do seu sonho, exclama *"'Na verdade o Senhor está neste lugar e eu não sabia!... Este lugar é terrível! Não é nada menos que uma casa de Deus e a porta do céu.' Levantando-se de madrugada, tomou a pedra que lhe servira de travesseiro, ergueu-a como uma coluna e derramou óleo sobre ela. A este lugar deu o nome de Betel* [=casa de Deus]" (Gn 28,16-19 = Jub 27,25-26). Mesmo com a supressão dos santuários locais, isto não quer dizer que a população local tenha abandonado a sua vida cultual, apesar de o santuário ter sido destruído. Pode-se levar em consideração que o Templo de Jerusalém é a "morada do Nome do Senhor", enquanto Betel é Casa de Deus, a Porta do Céu. Não sabemos exatamente como a população local reagiu à supressão do culto local em prol do de Jerusalém, principalmente com a propaganda de culto ilegítimo e idolátrico promovida pelas lideranças políticas e religiosas de Jerusalém.

A literatura rabínica resolve a questão da tensão entre Gn 28 e o Templo de Jerusalém apresentando Betel como prefiguração do Templo de Jerusalém e a Tenda-Santuário de Betel como a tenda (*sukka*) provisória, imagem daquela estável de Jerusalém.[50] Boschi e Binni

---

[49] J. Schwartz, "Jubilees, Bethel and the Temple of Jacob", in HUCA 56 (1985) 63-85.
[50] J. Schwartz, "Jubilees, Bethel and the Temple of Jacob", 83-84.

comentam que a tradição judaica estabelecia uma aproximação do tema da Escada de Jacó com o Sinai e o Templo de Jerusalém.[51]

No geral, pode-se dizer que o livro dos Jubileus apresenta uma instrução haláquica sobre a Festa de *Sucot* celebrada por Abraão e posteriormente por Jacó. O livro enfatiza a tradição patriarcal em detrimento da tradição mosaica. Por outro lado, o uso de tendas não está ligado à permanência dos israelitas no deserto como apresentado por Lv 23,43, mas sim com a descendência sacerdotal de Abraão. Jubileus insiste no fato de que a Festa de *Sucot* e o sacerdócio nascem juntos. Levi é investido sacerdote para oficiar a solenidade da Festa de *Sucot*. Finalmente, podemos dizer que todos estes detalhes juntos confirmam a orientação sacerdotal do livro dos Jubileus, no qual o Templo de Jerusalém é o lugar celebrativo por excelência.[52]

3. A Festa de *Sucot* em Filão de Alexandria

Filão (±20 a.C.-50 d.C.) era um dos líderes da comunidade judaica de Alexandria. O autor trata do tema da Festa de *Sucot* nas suas obras: *De Specialibus Legibus* (*Spec*. 1,189-190; 2,204-214); *In Flaccum* (*Flacc*. § 116-24); *De Migratione Abrahami* (*Migr*. § 202); e em *De Fuga et Inventione* (*Fug*. § 186).

3.1. De Specialibus Legibus (Spec. I-II)

Em *De Specialibus Legibus*[53] Filão aborda *Sucot* respectivamente em 1,189-190 e 2,204-214. No primeiro livro da *De*

---

[51] W. Binni & B. G. Boschi, Cristologia Primitiva, dalla teofania del Sinài all'Io Sono giovanneo, EDB, Bologna 2004, 223.
[52] H. Ulfgard, The Story of Sukkot, 172-173.
[53] Philon D'Alexandrie, De Specialibus Legibus - Lib. I-II, Introduction, Traduction et Notes par Suzzane Daniel, Paris 1975: "Introdução – Os quatro livros da obra *De Specialibus Legibus* estão no centro de uma coleção de tratados consagrados a uma exposição sistemática da Lei Mosaica. Os preâmbulos destas coleções são sobre as vidas de Abraão, de José e, talvez, de Moisés. Filão considera os Patriarcas como autênticas 'leis não escritas,

Specialibus Legibus, parágrafos 189-190, Fílon argumenta que a Festa de *Sucot* é celebrada a partir do décimo quinto dia, durante a lua cheia, com sacrifícios e holocaustos, conforme a prescrição de Lv 23,12-34. A festa é denominada de *Sucot* e possui um oitavo dia, considerado também sagrado. A perícope comenta, ainda, a respeito de um bode a ser oferecido diariamente como expiação pelos pecados.

Spec. II,204-214 amplia o comentário a respeito de *Sucot*. O segundo livro comenta que *Sucot* é a última das festas anuais, possui este respectivo nome[54] e é celebrada durante a época do Equinócio de Outono. Após estas rápidas descrições, o autor passa a comentar a respeito de dois ensinamentos, que podem ser sintetizados no exaltar a justiça (δικαιοσύνη) e rejeitar a injustiça (ἀδικία), sendo a primeira (justiça) amiga da luz e a segunda (injustiça) das trevas. Além disso, afirma *"que é um dever, após o completo amadurecimento dos frutos, agradecer a Deus que conduz tudo à sua conclusão, [Ele] que é causa de todos os bens"* (*Spec.* II,204). Em *Spec.* II,205, Fílon explica que o outono (μετόπωρον)[55] *"como o próprio nome indica"* é o período que vem logo após as colheitas anuais, um tempo de agradecer por tudo aquilo que a natureza, amiga

---

como leis viventes'. O Decálogo é descrito depois da revelação do Sinai, os Dez Mandamentos constituem as primeiras leis e categorias gerais nas quais se sustentam as demais prescrições". E. Schürer, Storia del Popolo Giudaico al Tempo di Gesù Cristo, III, T.2, 1107: "In quest'opera Filone mette in atto un tentativo estremamente interessante di organizzare in modo sistematico le leggi speciali mosaiche secondo le diece voci del Decalogo".

[54] O nome Festa de *Sucot*, mesmo mantendo a raiz grega (σκη-), é denominada em *De Specialibus Legibus* por Filão no livro I de "σκηνῶν ἑορτή" e no livro II por "σκηναί". Na LXX em geral se usa a tradução do hebraico para "hag hasukkot" a expressão "ἡ ἑορτὴ τῆς σκηνοπηγίας" (Dt, 16,16; 31,10; Zc 14,16.18.19; Esd 5,51; 1Mc 10,21; 2Mc 1,9.18 e também em Flávio Josefo Ant. Jud., IX,77). Em Lv 23,34, Dt 16,13 e 2Cr 8,13 encontramos "ἑορτὴ τῶν σκηνῶν".

[55] Philon D'Alexandrie, *De Specialibus Legibus* - Lib. I-II, Introduction, Traduction et Notes par Suzzane Daniel, Nota 2, p. 360 (observação do comentador). O nome grego de "outono" é uma composição de μετα-, "depois de", e de ὀπώρα, "fim da temporada/estação", "estação/temporada das frutas".

dos viventes, produziu e produzirá. Daqui Filão passa a afirmar a necessidade de habitar em tendas durante a Festa de *Sucot*, pelos seguintes motivos: (a) tanto quem trabalha no campo como para os produtos recolhidos existe a necessidade de um abrigo e repouso; e, (b) por outro lado, as tendas recordam os antepassados que caminharam pelo deserto por muitos anos habitando em tendas. A gratidão a Deus pelos bens presentes e pelos feitos do passado é uma forma de honrá-lo e uma virtude, pois quem já experimentou o sofrimento procura por aquilo que é bom aumentando o zelo pela piedade, para não cair novamente. Exalta-se então a Deus pela prosperidade presente enquanto se implora a proteção divina (*Spec*. II,206-209). Neste ponto é interessante notar que, ao resgatar o tema da colheita dos frutos e da gratidão ao Senhor, Filão não leva em consideração o tema da chuva.

Filão, como no livro I, reforça a ideia de que a Festa se celebra a partir do décimo quinto dia, porque a metade do mês apresenta a lua na sua plenitude a iluminar a noite e o sol em todo o seu esplendor a iluminar o dia: "*a lua surge imediatamente ao pôr do sol, impedindo que alguma escuridão interrompa a continuidade da sua irradiação*" (*Spec*. II,210). Possivelmente, segundo Rubenstein, Filão tenha interpretado a expressão de Ex 34,22 "*passagem do ano*" talvez como o equinócio.[56] A festa tem a duração de sete dias, concluindo com um oitavo dia. Contudo, este oitavo, segundo Filão, é uma prática comum das demais festas, não implicando em algum destaque de *Sucot*.

Uma particularidade de Fílon é a uma explicação numerológica:[57] "O primeiro número cúbico, o oito, pode ter sido designado pela seguinte razão: ele é o princípio das substâncias sólidas, obtido pela elevação à potência, na evolução a partir das entidades incorpóreas; ele é o cumprimento (realização) das substâncias espirituais. Porque as entidades espirituais, pela multiplicação [chegam] ao estado sólido. Ora, a festa do outono..., conclusão em qualquer modo e cumprimento de todas as festas

---

[56] J. L. Rubenstein, The History of Sukkot..., 69.
[57] Aqui entende-se numerologia como estudo do significado do número, não em termos de influência sobre a pessoa humana.

do ano, parece ter um caráter mais estável, mais seguro, porque as pessoas receberam da terra os meios de sobrevivência e não estão mais inquietos, trabalhando na dúvida quanto ao que pode ganhar ou perder. De fato, até que a colheita não chegue ao seu final, os camponeses permanecem preocupados e incertos, por causa dos inúmeros riscos que podem sofrer a partir de homens como de animais" (*Spec.* II,212-213).

Fílon concebe a Festa de *Sucot* como um complemento e a conclusão das demais festas judaicas e a mais estável e firme. O motivo é que a expectativa inquietante que atravessa o ano agrícola encontra a sua conclusão e estabelece um tempo de tranquilidade e confiança, é o tempo do repouso e da perfeição. Um tempo de regozijar-se e agradecer ao Senhor. Não deixa de ser curioso o modo como Fílon analisa o tema do oitavo dia, tendo em vista que na sua obra é o sétimo dia que ocupa o lugar central.

3.2. In Flaccum (Flacc. 116-124)

A Festa de *Sucot* é tratada em *Flacc.* 116-124. O problema de fundo apresentado pela obra é o conflito de ordem político e social enfrentado pela comunidade judaica de Alexandria durante o tempo do imperador romano Gaio e governo alexandrino de Flaco.[58] O texto relata a impossibilidade dos judeus de Alexandria de celebrarem a Festa de *Sucot* por causa da implacável perseguição contra eles por Flaco. Contudo, durante a semana da Festa, Flaco é preso durante a noite, e os judeus jubilosos por tal medida se reúnem em louvor, preces e cantos a Deus, que os livrou das mãos de tal governador.

A particularidade do texto são as referências ao uso de tendas e dos ritos próprios da Festa de *Sucot*, que, por causa da perseguição de Flaco, os judeus de Alexandria eram privados de celebrar. Em *In Flaccum* temos uma clara prova de que os ritos da Festa de *Sucot* eram realizados fora de Jerusalém. O costume de construir tendas e nelas permanecer durante os dias da Festa não era

---

[58] E. Schürer, Storia del Popolo Giudaico al Tempo di Gesù Cristo, III, t. 2, 1121-1128. Philon-D'Alexandrie, *In Flaccum*, Introduction, Traduction et Notes par A. Pelletier, Du Cerf, Paris 1967, 13-40.

exclusivo de Jerusalém e fazia parte da religiosidade popular.[59] Por outro lado, segundo Rubenstein, a interpretação da Festa de *Sucot* em termos de um retorno a um abrigo mais sólido depois das colheitas é uma originalidade de Fílon. Embora Fílon relacione, ainda, a Festa de *Sucot* com a memória do Êxodo.[60]

3.3. De Migratione Abrahami (Migr. 202)

Filão faz referência à Festa de *Sucot* em *De Migratione* somente para explicar o significado do número setenta, que na solenidade é o número de sacrifícios oferecidos durante a semana da festa.[61] Segundo Filão, "tudo aquilo que, na alma, fala de Aliança, de reconciliação e de amizade que pela quantidade este pode ser representado pela razão santa do número setenta" (*Migr.* 202).

3.4. De Fuga et Inventione (Fug. 186)

Na referência à Festa de *Sucot* em *De Fuga et Inventione*, Fílon amplia o argumento sobre o significado do número setenta.[62] Nesta obra, Fílon explica que os setenta sacrifícios oferecidos durante a solenidade de *Sucot* são distribuídos nos sete dias que compõem a festa.[63]

4. A Festa de *Sucot* em Flávio Josefo

Flávio Josefo é uma das principais fontes sobre a história do período do pós-exílio.[64] A sua perspectiva é tornar compreensível a vida e os costumes judaicos dentro do mundo greco-romano. Para tal escopo, Flávio Josefo traduz o universo judaico em conceitos típicos do pensamento da filosofia grega.

[59] J. L. Rubenstein, The History of Sukkot..., 73.
[60] J. L. Rubenstein, The History of Sukkot..., 73.
[61] J. L. Rubenstein, The History of Sukkot..., 72, n. 103.
[62] J. L. Rubenstein, The History of Sukkot..., 72, n. 103.
[63] Philon D'Alexandrie, De Fuga et Inventione, Introduction, Texte, Traduction et Commentaire par E. Starobinski-Safran, Du Cerf, Paris 1970.
[64] J. L. Rubenstein, The History of Sukkot..., 75.

As principais obras de Flávio Josefo são *Guerra Judaica (BJ)*, *Antiguidades Judaicas (Ant.)* e *Contra Apião (C.Ap.)*. Encontramos referências à Festa de *Sucot* nas duas primeiras obras, ou seja, *BJ* e *Ant*.

4.1. Guerra Judaica (BJ)

O historiador narra na sua obra *BJ*, como o nome já indica, a guerra entre judeus e romanos em 70 d.c. Escrevendo em Roma e para o mundo greco-romano, a obra apresenta certa tonalidade positiva em relação aos seus adversários romanos. Na obra, Flávio Josefo culpa basicamente a rebelião zelota de responsável pela destruição de Jerusalém.[65] Flávio Josefo utiliza analogias entre o seu tempo e o do profeta Jeremias para narrar a Guerra Judaica[66] e nesse sentido, como Jeremias, concebe as festas judaicas como um meio catalisador que permite a unidade nacional judaica. Na sua perspectiva histórica e antiapocalíptica, com a realidade do Templo destruído pelos romanos, Flávio Josefo não consegue visualizar uma solenidade de *Sucot* grandiosa e universalista, como a apresentada por Zc 14; neste sentido, procura depreciar, na sua obra *BJ*, o papel dos macabeus, considerado modelo para os zelotas.[67]

4.2. Antiguidades Judaicas (Ant.)

Flávio Josefo, em *Ant.*, reflete sobre a história de Israel a partir dos conceitos de providência divina e fidelidade como condição de existência da nação, substituindo os veterotestamentários de Eleição e Aliança.[68] O autor, ao refletir a história de Israel a partir dos textos do AT, usa um estilo de comentário livre sobre tais textos, elaborando na verdade um *Midrash* do AT.[69]

---

[65] R. Vicent, La Festa Ebraica delle Capanne (Sukkot), 156.
[66] R. Vicent, La Festa Ebraica delle Capanne (Sukkot), 157.
[67] R. Vicent, La Festa Ebraica delle Capanne (Sukkot), 157.
[68] R. Vicent, La Festa Ebraica delle Capanne (Sukkot), 157.
[69] J. L. Rubenstein, The History of Sukkot..., 75: "Onde Josefo parafraseia a Bíblia, ele às vezes reestrutura os relatos bíblicos, embelezando o texto com detalhes adicionais, ou apaga elementos encontrados na Bíblia. Es-

4.3. A Festa de Sucot em Flávio Josefo

Flávio Josefo utiliza a Festa de *Sucot* como moldura para diversos episódios narrados por ele na *BJ* e na *Ant*.[70] Em *BJ* 1,73, a Festa de *Sucot* serve de ambiente para a narrativa do assassinato de Antígono por ordem do seu irmão Aristóbulo.[71] No relato é mencionada uma festa nacional na qual existe o costume de construção de tendas.[72] Outra referência à Festa de *Sucot* encontramos em *BJ* 2,515, na qual relata a destruição da cidade de Lod (Lidda) pela tropa de Cestio Gallo, enquanto a população era reunida em Jerusalém para a celebração da Festa de *Sucot*. Na narrativa do ataque de Cestio Gallo a Jerusalém (*BJ* 2,517), Flávio Josefo descreve que os peregrinos interrompem a festa e se armam para a batalha, mesmo a observância do sábado é abdicada.[73]

Flávio Josefo dá um destaque especial a uma trágica profecia de certo Jesus, filho de Ananias, que, durante a Festa de *Sucot*, quatro anos antes do início da revolta, tinha começado a profetizar a destruição do Templo de Jerusalém (*BJ* 6,300ss).[74] A particularidade é que o anúncio da destruição do Templo tenha acontecido dentro da Festa de *Sucot*. O relato deixa transparecer o estreito vínculo entre o Templo de Jerusalém e a Festa de *Sucot*.

A Festa de *Sucot*, sendo usada como moldura em *BJ*, deixa transparecer a sua importância dentro da vida cultual e festiva de Israel. Por outro lado, as narrativas nos dão alguns indícios importantes, como o uso de tendas e a estreita relação entre a Festa de *Sucot* e o Templo de Jerusalém.

Dentro da perspectiva da obra *Antiguidades Judaicas* (*Ant.*), a Festa de *Sucot* aparece no relato do calendário litúrgico de

---

tas mudanças refletem frequentemente a própria opinião de Josefo ou as condições do seu tempo".

[70] R. Vicent, La Festa Ebraica delle Capanne (Sukkot), 157-158.
[71] J. L. Rubenstein, The History of Sukkot..., 80.
[72] R. Vicent, La Festa Ebraica delle Capanne (Sukkot), 158-159. J. L. Rubenstein, The History of Sukkot..., 76.
[73] R. Vicent, La Festa Ebraica delle Capanne (Sukkot), 158-159; J. L. Rubenstein, The History of Sukkot..., 83.
[74] R. Vicent, La Festa Ebraica delle Capanne (Sukkot), 159-161.

Israel.[75] A narrativa prescreve a ereção de tendas pelos homens; aqui é apresentada uma finalidade prática ausente na Bíblia, ou seja, proteger-se do frio.[76] Mas este aspecto prático é somente para o povo que caminhava no deserto guiado por Moisés. Para as gerações posteriores, segundo Flávio Josefo, a finalidade de construir tendas não é recordar a memória do deserto como em Lv 23, mas sim honrar ao Senhor (*BJ* 6,300). Além da referência ao calendário celebrativo e uma tentativa de explicação racional das solenidades judaicas, há uma referência à Festa de *Sucot*, em particular, na qualidade de moldura, como em *BJ*, dos eventos históricos de Israel.[77] Flávio Josefo, por outro lado, é o primeiro a oferecer uma completa identificação das espécies de plantas relacionados em Lv 23,40. A identificação proposta por Flávio Josefo é semelhante à interpretação rabínica.[78]

Quanto à relação entre Festa de *Sucot* e Templo, Flávio Josefo fornece um comentário interessante de 1Rs 8. Segundo Flávio Josefo (*Ant.* 8,100-123), Salomão escolhe a Festa de *Sucot* como ambiente para a consagração do Templo de Jerusalém por ser esta a maior e mais santa solenidade de Israel. Claro que para Flávio Josefo o acento não está na festa, mas sim no Templo.[79] Por sua vez, Jeroboão constrói um altar e institui uma Festa de *Sucot* do oitavo mês em Siquém (1Rs 12) para evitar a peregrinação do povo para Jerusalém. Os dois relatos propostos por Flávio Josefo, apesar de evidenciarem o Templo, destacam a importância da Festa de *Sucot*, a maior e mais santa, ainda no seu tempo.

---

[75] R. Vicent, La Festa Ebraica delle Capanne (Sukkot), 160.
[76] R. Vicent, La Festa Ebraica delle Capanne (Sukkot), 161. G. W. McRae, "The Meaning and Evolution of the Feast of Tabernacles", 274.
[77] R. Vicent, La Festa Ebraica delle Capanne (Sukkot), 160. Os diversos eventos históricos ambientados durante a Festa de *Sucot* estão presentes em Ant. 13,46.241; 15,50.
[78] J. L. Rubenstein, The History of Sukkot..., 78. G. Bienaimé, "Sukkot", 56-57: "Josefo (Ant., III,245) conhece plenamente as quatro espécies: "Um ramalhete feito de murto, de salgueiro, de um ramo de palmeira e ornado por uma cidra" (em Ant., XIII,372, Josèphe fala do kitrion, 'cidra'); o ramalhete é conduzido pela mão".
[79] J. L. Rubenstein, The History of Sukkot..., 78-79. G. Bienaimé, "Sukkot", 56.

Flávio Josefo destaca que o ramalhete celebrativo (*lulav*) era um rito do Templo e deixa transparecer que não era usado fora deste. Além disso, *lulav* tinha uma conotação escatológica de futuro.

Em síntese, pode-se dizer que Flávio Josefo evidencia a Festa de *Sucot* como a principal festa de peregrinação de Israel, a mais santa e a maior para os judeus, sendo observada "com especial atenção" (*Ant.* 8,100). Por outro lado, a questão sobre as tendas e o *lulav* não é muito clara; entretanto, Flávio Josefo parece considerar o *lulav* um ritual exclusivo do Templo e a ereção de tendas como honra ao Senhor, não como memória do Êxodo.[80] Contudo, as obras de Flávio Josefo evidenciam a popularidade e a fidelidade com a qual a Festa de *Sucot* era celebrada durante o período do Segundo Templo.[81]

5. A Festa de *Sucot* em Pseudo-Fílon, Plutarco e Tácito

A obra *Liber Antiquitatum Biblicarum*[82] (*LAB*), atribuída falsamente a Fílon, é uma reelaboração dos textos bíblicos que

---

[80] J. L. Rubenstein, The History of Sukkot..., 83-84.
[81] G. W. McRae, "The Meaning and Evolution of the Feast of Tabernacles", 274.
[82] Pseudo-Philon, Les Antiquités Bibliques, t. II, Introduction Littéraire, Commentaire et Index par C. Perrot et P-M. Bogaert, Du Cerf, Paris 1976, 10: "O título *Liber Antiquitatum Biblicarum* não se encontra em nenhum manuscrito; ele remonta ao editor da edição princeps, Johannes Sichardus, que segundo a indicação do século XIV inscrita sobre o código Fulda-Cassel Theol 4o, 3, intitula a obra *Liber Antiquitatum*. A expressão Antiquitatum provém, sem dúvida, de uma analogia estabelecida através da Antiguidade de Josefo. A atribuição a Filão é provavelmente devido ao fato de que este texto foi acidentalmente transmitido através de obras autênticas de Filão. Na reedição do texto de Sichardus, publicado em Lion por S. Gryphe, em 1552, encontramos pela primeira vez o título *Philonis Iudaei Antiquitatum Biblicarum Liber*. Será incluído nas edições seguintes e será o tradicional título do livro" (comentário de D. J. Harrington). O texto do LAB utilizado aqui é da tradução e publicação conduzida por D. J. Harrington e J. Cazeaux para a coleção Sources Chrétiennes, publicado pela Du Cerf, Paris, no ano de 1976.

narram a história de Adão até a morte de Saul. O autor descarta importantes passagens do Pentateuco e acrescenta partes do livro dos Juízes. O autor acentua a onipotência e a supremacia do Senhor na história de Israel.[83] As festas judaicas não gozam de grande importância no *LAB*. O autor apenas faz uma breve referência às festas judaicas quando comenta Lv 23 (*LAB* 13,4-7). Assim, ao comentar a Festa de *Sucot* (*LAB* 13,7) a partir de Lv 23, o autor descarta o aspecto sacrificial e relaciona a Festa de *Sucot* com a invocação das chuvas. Em todo caso, o que era implícito em Zc 14 e Jo 7 é narrado explicitamente aqui, ou seja, a celebração da Festa de *Sucot* produz a chuva.[84] O tema da identificação das espécies vegetais presentes em Lv 23,40, como em Flávio Josefo e na literatura rabínica, aparecem também aqui. Contudo, a função das plantas selecionadas é a de evocar as chuvas, como uma espécie de talismã ou amuleto.[85]

O relato de Pseudo-Fílon à Festa de *Sucot* omite o rito de erigir tendas, apesar de permanecer o nome σκενοπηγία, ou seja, "Festa de *Sucot*" usado pela LXX, como tradução do texto massorético, *Sucot*. Além disso, a memória do Êxodo, como em Flávio Josefo, desaparece do relato no *LAB*. Por outro lado, o autor relaciona a Festa de *Sucot* com a memória do Dilúvio. Deus se lembra de Noé, da Aliança e do Arco-íris (Gn 8,1; 9,15.16), sendo decisivo para a salvação de Noé e manutenção da ordem da natureza (*LAB* 3,7.12; 13,7).[86] A referência à chuva durante a Festa de *Sucot* é de ordem universal, sendo que o celebrar a festa garantia o ciclo das estações e a fertilidade do solo com as chuvas regulares. A chuva universal em relação à Festa de *Sucot* entra diretamente em relação com a profecia de Zacarias (Zc 14,16-19).[87]

Plutarco, em *Quaestiones Convivales* IV 6,2, no estilo de *O Banquete* de Platão, discute questões relativas à vida e à cultura judaicas em relação ao mundo greco-romano. Em relação à Festa de

---

[83] R. Vicent, La Festa Ebraica delle Capanne (Sukkot), 114.
[84] J. L. Rubenstein, The History of Sukkot..., 74.
[85] J. L. Rubenstein, The History of Sukkot..., 74.
[86] R. Vicent, La Festa Ebraica delle Capanne (Sukkot), 117.
[87] R. Vicent, La Festa Ebraica delle Capanne (Sukkot), 117-118.

Sucot, a disputa aberta por Símaco questiona até que ponto a Festa de *Sucot* não seria uma cópia da Festa de Dionísio.

Plutarco parece não possuir pleno conhecimento da cultura e religiosidade judaica ao comentar que *Sucot* é o nome do primeiro dia da festa e que a semana festiva da Festa de *Sucot* é um conjunto de festas. Além disso, a participação na festividade do Templo era reservada a poucos, provavelmente para a realização de um bacanal, ao estilo da Festa de Dionísio.[88] Segundo Ulfgard, os detalhes mencionados mostram que existia algum conhecimento, embora superficial, da Festa de *Sucot*. De qualquer maneira, esta perspectiva pagã é uma prova da existência da Festa de *Sucot* fora de Templo de Jerusalém.[89]

Tácito, em *Le Storie* V,5, manifesta uma explícita aversão contra os judeus, usando palavras como "gente libidinosa" e "assassinos" (*Hist*. V,5). Tácito comenta a respeito de uma festa celebrada no Templo de Jerusalém semelhante àquela de Dionísio/Baco, mas que, segundo o autor, não deve corresponder à solenidade "alegre" e "jubilosa" de Dionísio/Baco, por ser a solenidade dos Judeus "estranha" e "nojenta" (*Hist*. V,5).

Plutarco e Tácito compreendem a Festa de *Sucot* como uma cópia da festa greco-romana de Dionísio/Baco, devido às muitas peculiaridades entre as duas festas. As semelhanças criavam uma visão equivocada da Festa de *Sucot* por parte dos pagãos.[90] Contudo, que a Festa de *Sucot* e aquela de Dionísio/Baco possam ter em comum um substrato agrícola não significa que tenham per-

---

[88] J. L. Rubenstein, The History of Sukkot, 94-97.
[89] H. Ulfgard, The Story of Sukkot, 242-243: "Os detalhes mencionados mostram que Plutarco evidentemente tinha algum conhecimento (embora superficial) da celebração de *Sucot* [...]. Esta perspectiva pagã é uma confirmação externa das muitas características da celebração de *Sucot* no Templo".
[90] H. Ulfgard, The Story of Sukkot, 243: "O historiador romano Tácito (50-120 d.C., contemporâneo de Plutarco) fornece algumas opiniões sobre a história judaica e religiosa na sua exposição sobre a grande Guerra Judaica (Historiæ V). Alem disto, ele discute uma possível relação entre o Deus dos judeus e o 'Pai Liber'/Dionísio dos gregos e romanos [...]. Tácito não demonstra conhecimento das práticas judaicas [... e por isso] não pode ser usado em um estudo sobre a celebração de *Sucot*".

manecido com o mesmo significado no decorrer da sua história, ou que uma tenha origem em ou dependência da outra.

6. A Festa de Sucot[91] na Mixná

O Tratado Moed Sukkah[92] da Mixná[93] (*mSuk*) fornece importantes informações a respeito da Festa de *Sucot* no período anterior a 70 d.C., ou seja, antes da queda do Templo de Jerusalém.

---

[91] Algumas características da atual Festa de *Sucot* são de época tardia e manifestam a contínua evolução desta solenidade com o passar dos tempos e dentro da concepção sinagogal. Por isso nos limitaremos a acrescentá-los aqui a motivo de uma visão mais ampla daquilo que a solenidade celebra nos tempos atuais. L. Jacobs, "Sukkot in Rabbinic Literature", in EncJud, XV, 500-502: "Costumeiramente é construída uma tenda na Sinagoga em função dos membros que não possuem a sua própria tenda. Em algumas comunidades reformadas, uma tenda simbólica é construída na própria Sinagoga, embora não tenha nenhum valor como uma tenda na lei judaica. Um costume surgido a partir da escola de Lurianic Kabbalah, no século XVI, é o de convidar diariamente heróis bíblicos para a tenda/'sukkah'. Estes convidados são: Abraão, Isaac, Jacó, Moisés, Aarão, José e Davi; eles correspondem aos sete Sefirot: justiça, poder, beleza, vitória, explendor, fundação e soberania [...]. O sétimo dia de *Sucot* é conhecido como *Hoshana Rabba* (Grande Hoshana); o nome é tomado da palavra '*hoshaná*' ('Salva-nos') [...]. A oração Hoshaná, para uma boa colheita no ano vindouro, é recitada durante uma procissão que dá sete voltas em torno do *bimah*, enquanto se agitam cinco *aravot*. Durante a época do Templo, *aravot* eram carregados em torno do altar sete vezes neste dia (Suk. 4:5) [...]. *Shemini Azeret*, o oitavo dia de *Sucot*, é tratado pelos rabinos como uma solenidade separada. O Memorial e uma oração especial pelas chuvas (*Tefillat Geshem*) são recitados durante o *Musaf* [...] na Sinagoga neste dia. Neste dia conclui-se o ciclo anual de leituras da Torá. *Simhat haTorah* é uma solenidade pós-talmúdica [...]. A pessoa escolhida para a leitura da última parte da Torá é chamada de *Hatan Torah* (esposo da Torá). Um novo ciclo de leituras tem início assim que o ciclo anterior é terminado. A pessoa escolhida para dar início ao novo ciclo de leituras é conhecida como *Hatan Bereshit* (esposo do Gênesis)."

[92] J. L. Rubenstein, The History of Sukkot..., 106.

[93] J. L. Rubenstein, The History of Sukkot..., 103-104: "A Mixná foi escrita por volta do ano 200 d.C. [...]. Este longo intervalo de tempo lança

Partindo do relato da Mixná,[94] parece que a Festa de *Sucot* no Templo de Jerusalém tenha tido mais um cunho popular do que sacerdotal, ou seja, um menor controle da hierarquia sacerdotal sobre esta solenidade durante o período anterior à sua queda.[95] Apesar de ser apenas uma hipótese, tal fato destaca o aspecto laical ou popular que será evidenciado pelo rabinato após 70 d.C. De qualquer maneira, os relatos de Fílon de Alexandria e de Jubileus nos permite evidenciar que a Festa de *Sucot* não era celebrada exclusivamente em Jerusalém.

O Tratado Moed Sukkah da Mixná possui cinco capítulos. Os capítulos I e II são dedicados aos detalhes sobre a construção da "tenda" (*sukka*) e a obrigação de nela morar durante a Festa de *Sucot*. O capítulo III é dedicado à descrição das quatro espécies de plantas utilizadas durante a solenidade. Os dois últimos capítulos, independente dos demais, descrevem a Festa de *Sucot* em relação ao Templo de Jerusalém.[96] Os cinco capítulos do mSuk elencam as seguintes características: (1) a tenda e sua construção (I-II); (2) o *lulav* (III,1-8.11b-15; IV,1-2.4); (3) a Procissão de Ramos em torno ao altar (IV,1.3.5-6); (4) o canto dos Salmos Hallel

---

 dúvidas sobre a precisão das informações preservadas. Além do mais, os rabinos não eram historiadores, e a Mixná não é concebida como uma obra de história". G. W. McRae, "The Meaning and Evolution of the Feast of Tabernacles", 270-271: "A Mixná apresenta um quadro idealizado do ritual do Templo e também a necessária informação sobre a sua importância".

[94] A Festa de *Sucot* dentro da tradição rabínica possui um amplo espaço de discussão. Porém, por uma questão metodológica não aprofundaremos a festa dentro da tradição rabínica porque desejamos evidenciá-la dentro da sua relação com o Templo de Jerusalém. Para uma ampla abordagem da Festa de *Sucot* dentro da tradição rabínica, ver J. L. Rubenstein, The History of Sukkot in the Second Temple and Rabbinic Periods. O autor fornece um amplo e aprofundado estudo da Festa de *Sucot* dentro da Literatura Rabínica. Para nosso estudo analisaremos apenas as referências da Festa de *Sucot* em relação ao Templo de Jerusalém.

[95] H. Ulfgard, The Story of Sukkot, 241.
[96] J. L. Rubenstein, The History of Sukkot..., 106. H. Ulfgard, The Story of Sukkot, 244. G. W. McRae, "The Meaning and Evolution of the Feast of Tabernacles", 271.

(III,9; IV,8); (5) a cerimônia da Libação de Água (IV,9-10); (6) o júbilo festivo (IV,8; V,1b); e (7) a cerimônia noturna das Luzes e o toque das trombetas/chofar.[97] Possivelmente os autores tinham em mente a eminente reedificação do Templo de Jerusalém. Tomando em consideração que o Tratado Moed Sukkah da Mixná apresenta basicamente a normativa dos ritos da Festa de *Sucot*, não nos limitaremos aos dados apresentados pelo tratado, mas procuraremos explicar tais ritos dentro do universo bíblico e histórico, para uma melhor compreensão dos ritos da Festa de *Sucot*.

6.1. A Tenda *(sukka)*

O livro do Levítico prescreve a observância de dois ritos, além da obrigação dos sacrifícios próprios para a Festa de *Sucot*: o rito do *lulav* e o rito da tenda [*sukka*] (Lv 23,34.40.42). Estes dois ritos receberão particular atenção na interpretação da Festa de *Sucot* na literatura pós-exílica, apesar de provavelmente não terem sido elementos essenciais da liturgia da festa do Primeiro Templo.[98]

Existe um problema de terminologia quanto à palavra "tenda" e "cabana". Os israelitas habitaram em "tendas" durante a sua caminhada pelo deserto e não em "cabanas" como descreve Lv 23,43. A cabana provavelmente deriva da construção provisória construída pelos agricultores durante as colheitas e se adapta muito bem à origem agrícola da festa, ou seja, Festa da Colheita (Ex 23,16; 34,22 = *hag haassif*).[99] Uma segunda hipótese propõe que o uso das cabanas surgiu da necessidade de os peregrinos que subiam para Jerusalém se abrigarem durante os dias da Festa de

---

[97] H. Ulfgard, Feast and Future, 110; L. Camarero María, Revelaciones Solemnes de Jesús, 71. H. Ulfgard, The Story of Sukkot, 244. J. L. Rubenstein, The History of Sukkot..., 106: [A] O *lulav* e o salgueiro – seis ou sete [dias]; [B] O Hallel [Salmo] e o júbilo – oito [dias]; [C] A *sukka* (tenda) e a libação de água – sete [dias]; [D] e a flauta – cinco ou seis [dias].

[98] J. L. Rubenstein, The History of Sukkot..., 25-27.

[99] J. L. Rubenstein, The History of Sukkot..., 25.

Sucot. Contudo, se o uso das tendas surgiu por necessidade de abrigo por parte dos peregrinos que subiam para Jerusalém, por que não foi aplicado às demais festas como *Pessach* e *Shavuot*? Tais teorias não chegam a um parecer plausível que responda à origem do uso de cabanas durante a Festa de *Sucot*.[100] Rubenstein reivindica a origem do uso de tendas na Festa de *Sucot* a partir da vida agrícola de Israel, principalmente durante o período das colheitas. Desse modo, o aspecto agrícola da Festa busca relacionar o ato de fazer tendas como proteção durante as colheitas, ou ainda proteger contra o frio, como atesta Flávio Josefo.

O motivo do uso das tendas durante a Festa de *Sucot* permanece ainda hoje uma questão controvertida. No geral se assume a prescrição de Lv 23,42-43, que recomenda habitar em tendas como memória de que o Senhor fez os israelitas habitarem em cabanas quando os tirou da terra do Egito.

O Tratado *mSuk* 1–2 trata das prescrições básicas para a ereção e habitação da cabana festiva (*sukka*) durante a Festa de *Sucot*. Tais prescrições, proibições e exceções abordam as medidas necessárias, o local da ereção da tenda, o material a ser utilizado, a época da ereção da tenda, o que deve conter, quem deve habitar, como deve habitar e o tempo obrigatório ao qual se deve permanecer nas tendas (sete dias – *mSuk* 2,9; 4,1).

A discussão quanto ao uso da tenda também sugere que o motivo histórico do Êxodo para habitar em cabanas está relacionado não exatamente ao uso de tendas usadas pelos israelitas no deserto, mas sim à proteção do Senhor sobre o seu povo através da nuvem que protegia o povo durante a marcha pelo deserto. De fato, no relato do Êxodo a nuvem está ligada à presença do Senhor que conduz o seu povo pelo deserto: "E o Senhor ia adiante, de dia numa coluna de nuvem, para lhes mostrar o caminho, e de noite numa coluna de fogo para os alumiar, a fim de que pudessem caminhar de dia e de noite. Nunca se retirou de diante do povo a coluna de nuvem durante o dia, nem a coluna de fogo durante a noite" (Ex 13,21-22).

---

[100] J. L. Rubenstein, The History of Sukkot..., 27-29.

A nuvem, conforme observamos no primeiro capítulo, manifesta a Presença do Senhor (*Shekinah*) no meio do seu povo. A construção de tendas, da qual provém o nome da festa, ou seja, *hag haSucot* (=Festa de *Sucot*), faz parte da origem da solenidade. No relato de Lv 23,42-43 a função das tendas é fazer a memória do Êxodo dos quarenta anos de peregrinação dos israelitas pelo deserto, desde o Egito até a Terra Prometida. Ne 8 relata que Neemias e Esdras, após o retorno do exílio da Babilônia, fazem a leitura da Torá no sétimo mês diante de toda a comunidade dos Filhos de Israel e após a leitura convida o povo a alegrar-se e festejar diante do Senhor e tomar ramos de árvores para construírem tendas, conforme está escrito na Lei do Senhor (Ne 8,14-17).

O rito de construir tendas faz parte da festividade popular, que mesmo após a queda do Templo de Jerusalém continua a fazer parte da solenidade da Festa de *Sucot*. Da importância da construção das tendas evidenciamos ainda a prescrição do Rolo do Templo (11QT 42,11-13) da biblioteca de Qumrã, de que tratamos antes, que prevê, no Templo Escatológico, espaço (terceiro andar) e estruturas apropriadas no Templo para a construção de tendas durante a Festa de *Sucot*. Não deixa de ser curioso que a comunidade do Mar Morto pensasse na possibilidade de habitação de não sacerdotes dentro do espaço do Templo, mesmo que fosse por pouco tempo, ou seja, uma semana.

As tendas eram concebidas não somente como uma reminiscência da proteção divina no deserto, mas também como uma prefiguração das tendas futuras, nas quais os justos habitariam.[101] Portanto, a tenda, elemento mais característico da Festa de *Sucot*, assume uma dimensão escatológica precisa, ou seja, ser a morada dos justos. Esta perspectiva escatológica será amplamente desenvolvida no Novo Testamento.

Quanto à tenda futura, o debate em âmbito judeu-cristão girará em torno do tema do lugar físico propriamente dito ou como alusão ao corpo glorificado. O relato da transfiguração de Jesus

---

[101] J. Daniélou, "Le Symbolisme Eschatologique de la Fête des Tabernacles", 25.

Cristo narrado pelos Evangelhos Sinóticos apresenta Pedro sugerindo a construção de tendas (Mt 17,1-8; Mc 9,2-8 e Lc 9,28-36). No caso, Pedro reconhece a chegada dos tempos messiânicos e, com isto, a necessidade de fazer tendas para a Festa de *Sucot* dos novos tempos. Por outro lado, em 2 Pedro, Pedro fala em termos do corpo terreno como uma tenda, a qual deverá ser destruída (2Pd 1,13-14). O mesmo argumento aparece na literatura paulina, mas numa linha moral (2Cor 5,1-5; 1Cor 15,35-53 = oposição entre corpo carnal e corpo espiritual). Contudo, as alusões presentes em Pedro e Paulo não fazem referências à Festa de *Sucot*, mas são apenas um modo de expressar o corpo como morada (tenda) da vida.[102]

A tenda é o abrigo provisório,[103] que escatologicamente se faz símbolo da futura tenda permanente. Por outro lado, é o lugar da intimidade. A tenda é o lugar da intimidade familiar, é a casa que abriga uma família durante a Festa de *Sucot*, é o lugar da convivência, da alegria, da refeição, da oração. Esta intimidade familiar reflete a intimidade do Senhor com o seu povo. Durante a caminhada no deserto, o povo de Israel viveu uma profunda intimidade com o seu Senhor. Foi o momento no qual Israel sentiu a proteção amorosa e paternal do Senhor que protegia o seu povo durante a longa e difícil caminhada rumo à Terra Prometida.

Leva-se em consideração que a tenda festiva e provisória é uma tenda construída *"para o Senhor"*, como toda a solenidade de *Sucot* no relato de Lv 23 é uma Festa *"para o Senhor"* (Lv 23,34.41). Assim, sendo a própria Festa de *Sucot* "*a Festa do Senhor*" (Lv 23,39), todo o Israel tem o dever se regozijar por estar na presença do seu Senhor durante os dias prescritos da festa (Lv 23,40).

---

[102] J. Daniélou, "Le Symbolisme Eschatologique de la Fête des Tabernacles", 26-27.

[103] P. Lenhardt, "Quelques aspects de la Fête de Soukkoth, dans la littérature rabbinique", 192-193: "A *sukka*/tenda simboliza, aqui, a proteção do Senhor, significa que é apenas verdadeiro aquele que se encontra em contato com o Senhor, quando se mora com Ele. A mais bela e a mais segura casa do mundo não passa de um abrigo provisório".

O Tratado *mSuk* da Mixná não apresenta nenhuma consideração a respeito da tenda. Ela limita-se apenas em estabelecer os critérios para a ereção e habitação das tendas festivas.

6.2. O Rito do Lulav

O *lulav* é um pequeno maço de murta e ramos de salgueiros amarrados a um ramo de palmeira. Tais ramos são mencionados em Lv 23,40: "*Frutos formosos, ramos de palmeiras, ramos de árvores frondosas e de salgueiros das ribeiras...*". Lulav é uma denominação dada pelo Tratado *mSuk* III ao buquê festivo formado pelas quatro espécies de plantas prescritas em Lv 23,40, do qual se origina o nome do rito. *Lulav* pode ser traduzido por "palma" ou "folha de palmeira". Além do *lulav*, o buquê festivo é composto pelo *arava*, que é o ramo de salgueiro; *hadas* que é a murta ou mirto; e o *etrog* que é a cidra. O buquê festivo era formado, segundo *mSuk* 3,4, por uma folha de palmeira (*lulav*), uma cidra (*etrog*), três ramos de mirto (*hadas-hadassim*) e dois ramos de salgueiro (*arava-aravot*).[104] Porém, não é feita nenhuma referência sobre o seu uso. Enquanto o Rito dos Ramos de Palmeira parece ter sido exclusivamente um rito sacerdotal, o Rito do *Lulav* era, por outro lado, eminentemente popular.[105]

Segundo Lenhardt, partindo da compreensão de *mSuk* 3,12, o Rito do *Lulav* significava a união do povo em torno do Senhor em profunda alegria. O local privilegiado deste encontro era o Templo, morada da Presença do Senhor (*Shekinah*).[106] Outros estudiosos sugerem que as quatro espécies que formam o *lulav* simbolizam algum antigo rito de fertilidade, no qual as quatro espécies juntas evocam: vida, vegetação, fertilidade e umidade, que unidas serviam como uma espécie de amuleto que estimulava o crescimento das plantações.[107] Outros estudiosos sugerem que

---

[104] K. Hruby, "La Fête des Tabernacles au Temple, a la Synagogue et dans le Nouveau Testament", in OrSyr 7 (1962) 167.
[105] J. L. Rubenstein, The History of Sukkot..., 153.
[106] P. Lenhardt, "Quelques aspects de la fête de Soukkoth dans la Littérature Rabbinique", 194-195.
[107] J. L. Rubenstein, The History of Sukkot..., 29.

o *lulav* simboliza o poder da fertilidade e, como consequência, o poder de Deus. Dessa forma, tomando nas mãos o *lulav*, o poder de vida passava à pessoa humana e, através da procissão, para o Templo, para a cidade e para o país.[108] Por fim, outros estudiosos, adotando a perspectiva rabínica, concebem o *lulav* como uma espécie de amuleto evocatório de chuvas.[109] O Tratado *mSuk* 3,12 lembra que após a queda do Templo de Jerusalém, nas outras localidades seja usado o *lulav* em memória do Templo.

A relação entre o *lulav* e a libação de água do altar do Templo fortalecerá a ideia da Festa de *Sucot* como súplica pelas chuvas, principalmente porque na origem a Festa das Colheitas tinha a função de agradecer pelas colheitas e suplicar as chuvas necessárias para o próximo ano agrícola. A historização da Festa de *Sucot* e sua relação com o Templo de Jerusalém não cancelará suas características rituais agrícolas e nem mesmo o senso de gratidão e súplica.

Segundo a Mixná, o *lulav* era conduzido pela mão direita na procissão entorno ao pátio do Templo enquanto se cantava o Hallel.[110] O Tratado da Mixná *Suk* 3,9 explica que o *lulav* deve ser agitado ao início e ao final da invocação do Sl 118: "*Celebrai ao Senhor, porque ele é bom, porque o seu amor é para sempre*" (vv. 1.29) e enquanto se recita: "*Ah! Senhor, dá-nos a salvação! Dá-nos a vitória Senhor!*" (v. 25).

O *mSuk* 4,2 prescreve o rito do *lulav*[111] durante sete dias quando o primeiro cai no sábado e seis quando cai em qualquer outro dia da semana. Isto também indica que este rito era praticado em dia de sábado, ou seja, o rito tinha precedência sobre o sábado.[112]

---

[108] J. L. Rubenstein, The History of Sukkot..., 29.
[109] J. L. Rubenstein, The History of Sukkot..., 30. A. Schaffer, "The Agricultural and Ecological Symbolism of the Four Species of Succot", in Trad. 20 (1982) 128-140.
[110] G. W. McRae, "The Meaning and Evolution of the Feast of Tabernacles", 272.
[111] O *lulav* designa também o nome do rito ao qual este pertence, ou seja, a procissão de ramos (de palmeira). ver H. Ulfgard, The Story of Sukkot, 245.
[112] J. L. Rubenstein, The History of Sukkot..., 153: "mSuk 4:2B afirma que o *lulav* tem precedência sobre o Sabbath no primeiro dia de *Sucot*. (Pos-

O *lulav* possuía uma grande riqueza simbólica. Junto com a Menorá e o *etrog*, era utilizado na arte decorativa das sinagogas e das tumbas, como símbolo de imortalidade, de vitória, de júbilo e de libertação.[113] A mesma simbologia será aplicada na imagem figurativa cristã das palmas, como no relato de Ap 7 e nos mosaicos e pinturas, principalmente nos primeiros séculos da nossa era. Na arte cristã, podemos citar o mosaico da Igreja de Santa Praxedes em Roma, a qual, seguindo Ap 7, apresenta os santos vestidos de branco portando palmas nas mãos caminhando em direção ao Cristo Pantocrator na nova Jerusalém. Na arte judaica podemos tomar como modelo as pinturas da sinagoga de Dura--Europos.[114] Os arqueólogos em geral tendem a identificar a Festa de *Sucot* nos afrescos da Sinagoga de Dura-Europos. Dentre os afrescos nota-se a consagração do Templo de Salomão, que ocorreu durante a Festa de *Sucot* (1Rs 8), as imagens do *lulav*, do *etrog* e de sete ramos.[115] Além disso, tais símbolos tinham, dentro do judaísmo tardio, força de unidade nacional, a tal ponto que as moedas cunhadas durante a Guerra Judaica de 66-70 e 132-135 d.C. empregam símbolos próprios da Festa de *Sucot* (*lulav-etrog*) como expressão de identidade nacional do povo judeu, durante a primeira revolta (66-70 d.C.) e como expressão da "Redenção de Israel" na segunda revolta (132-135 d.C.). O uso de tais símbolos da Festa de *Sucot* está diretamente ligado à relação entre

---

teriormente, fontes rabínicas providenciaram uma base exegética para a prioridade do primeiro dia. n. 184: Sifra, 'Emor, 16:3 [102b]: O primeiro dia [Lv 23,40] – até mesmo no Sabbath. O primeiro dia. Ele substitui o Sabbath [levando o *lulav*] somente no primeiro dia [da festa]. bSuk 43a)".

[113] G. W. McRae, "The Meaning and Evolution of the Feast of Tabernacles", 272.
[114] I. Sonne, "The Paintings of the Dura Synagogue", in HUCA 20 (1947) 254-362. M. Rostovtzeff, Dura-Europos and Its Art, Oxford 1938. "Situada no meio do Eufrates, na Estrada entre a Síria e a Parthia, Dura veio a ser uma importante cidade de caravanas. Comerciantes da Síria--Palestina reuniram comerciantes da Parthia, especialmente da Babilônia, onde realizavam bons negócios".
[115] J. Danièlou, "Le Symbolisme Eschatologique de la Fête des Tabernacles", 19-40.

esta Festa e o Templo, que é o ponto central a ser focalizado pelos judeus. Isto implica que a Festa de *Sucot* ainda era vista como a Festa do Templo de Jerusalém.[116]

6.3. A Procissão de Ramos de Salgueiro

O Rito dos Ramos de Salgueiro não pode ser confundido com o Rito do *Lulav*[117] e não possui fundamentação bíblica, motivo pelo qual era criticado pelos saduceus.[118] Os ramos de salgueiro eram usados na decoração do altar do Templo de Jerusalém. A celebração do Rito dos Ramos acontecia através da procissão em torno do altar pelos sacerdotes, acompanhados pelo toque do "chofar"[119] e pela proclamação do Sl 118,25.[120] Segundo *mSuk* 4,5 os ramos de salgueiro eram colhidos num lugar chamado Mosa[121] e levados em procissão até o Templo e colocados em torno do altar, ao toque do shofar e da proclamação de "Senhor, dá--nos a salvação! Dá-nos a vitória, Senhor!" (Sl 118,25).[122] Todo dia se fazia uma volta e, no sétimo dia, sete voltas em torno do altar do Templo de Jerusalém. Van Goudoever afirma que o Rito dos Ramos como descrito pela *mSuk* 4,5 na realidade evoca a dedicação do Templo de Salomão e do altar, principalmente pela

---

[116] H. Ulfgard, The Story of Sukkot, 252-256.
[117] "[os ritos de] Lulav e Ramos de Salgueiro..." mSuk 4,1.
[118] H. Ulfgard, The Story of Sukkot, 245.
[119] O chofar (= instrumento musical feito de chifre de carneiro) é um instrumento musical usado cultualmente pelo povo hebreu. As primeiras referências bíblicas ao chofar encontram em Ex 19, que é tocado antes da subida de Moisés ao Monte Sinai. No sentido ritual do texto, o chofar indica o momento da Aliança entre Iahweh e o Povo de Israel. Atualmente o toque do chofar acompanha as solenidade de Yom Kippur e Rosh Hashana ou em algum evento de grande importância, como, por exemplo, um jubileu.
[120] G. W. McRae, "The Meaning and Evolution of the Feast of Tabernacles", 272. H. Ulfgard, The Story of Sukkot, 245-246.
[121] Mosa é uma das cidades da tribo dos filhos de Benjamim (Js 18,26).
[122] J. L. Rubenstein, The History of Sukkot..., 157: "O Hallel inteiro era provavelmente recitado durante a procissão de salgueiros/ramos realizado de Mosa até o pátio do Templo".

aclamação de exaltação ao altar feita pelos rabinos no último dia do rito.[123]

Não existem informações sobre qual era a participação popular no Rito de Ramos de Salgueiro. Tem-se a impressão de que era reservada aos sacerdotes do Templo de Jerusalém. O mesmo problema se põe em relação ao Rito da Libação de Água. Sendo os dois ritos diretamente ligados ao altar do Templo de Jerusalém, não sabemos qual era o acesso permitido ao povo e qual era a participação deste durante o desenvolvimento dos dois ritos. De qualquer maneira temos o relato histórico de Flávio Josefo, que descreve que durante a Festa de *Sucot* os peregrinos jogaram sobre o rei Alexandre Janeu os etrog(s) que portavam em mãos porque este, em vez de verter a água da jarra sobre cantos do altar do Templo, verteu sobre os seus próprios pés em protesto (*Ant.* 13,372 e *BJ* 1,88s). Este incidente pode ser uma prova da participação popular nos ritos no Templo.

6.4. O Hallel

O Hallel é a recitação dos Sl 113–118. Era recitado nas principais festas judaicas, num total de dezenove vezes, segundo *mSuk* 3,2, sendo oito vezes durante a Festa de *Sucot* e *Chanuca*, duas vezes durante *Pessach* e uma vez durante *Shavuot*. Entre os Salmos de Hallel, o Sl 118 é próprio da Festa de *Sucot*, recitado durante os ritos do *lulav* e da Procissão de Ramos.

6.5. A Libação da Água

O rito da Libação da Água era uma das cerimônias mais importantes da Festa de *Sucot* no Templo, mesmo a solenidade tendo sido incorporada em época tardia[124] e não ser jamais mencionada pela Bíblia, motivo pelo qual era rejeitada violentamente

---

[123] J. Van Goudoever, Fêtes et Calendriers Bibliques, Beauchesne, Paris 1967, 51.
[124] L. Camarero María, Revelaciones Solemnes de Jesús, 73. Mc Rae acredita que o rito da Libação da Água possa ter uma origem bem mais antiga do que se pensa dentro da Festa de *Sucot*, por causa da sua evocação ao

pelos saduceus.[125] Diariamente, o sumo sacerdote em procissão ao toque de trombetas, caminhava até a piscina de Siloé, passando pela Porta das Águas, para pegar da água em uma jarra de ouro. A água era então conduzida e, após ser misturada com vinho, era aspergida sobre os quatro cantos do altar do Templo de Jerusalém. Enquanto se conduzia o jarro de água em procissão, o coro entoava o estribilho: *"Com alegria bebereis água do manancial da salvação"* (Is 12,3). A Tosefta Suk 3,3-13 dedica uma ampla seção ao rito da Libação da Água. Nela, o rito é associado ao rio de água escatológico de Ez 47,1-12 e Zc 14,8, seguido por uma interessante referência às águas da criação e da rocha do deserto. A Libação de Água tinha se tornado um rito de súplica pela obtenção das chuvas. Contudo, dentro da tradição mixnaica ela tinha adquirido motivações histórico-teológicas envolvendo temas como a água da criação, a rocha do deserto e, enfim, a vinda do Espírito Santo.[126]

6.6. O Júbilo e a Procissão da Luz – simhat beit hasho'eva

O *simhat beit hasho'eva* possui uma tradução um pouco complicada. Na língua portuguesa seria aproximadamente "o júbilo/alegria no lugar de onde se retira a água". Além de ser um pouco difícil a tradução, a origem do rito é ainda mais obscura. Apesar de sua origem ser desconhecida, era praticamente o principal rito da Festa de *Sucot* dentro da tradição rabínica, enquanto as fontes não rabínicas não oferecem absolutamente nenhuma referência a este rito.[127] Rubenstein acredita que o nome *simhat beit hasho'eva* seja na realidade um contato entre o Rito das Luzes e o Rito da Libação da Água, tendo em vista que o primeiro termina ao raiar

---

tema da chuva (G. W. McRae, "The Meaning and Evolution of the Feast of Tabernacles", 272).
[125] K. Hruby, "La Fête des Tabernacles au Temple, a la Synagogue et dans le Nouveau Testament", 168.
[126] G. W. McRae, "The Meaning and Evolution of the Feast of Tabernacles", 273.
[127] J. L. Rubenstein, The History of Sukkot..., 131.

do dia, dando início ao segundo rito. Ainda segundo Rubenstein, os dois Ritos na origem eram um único rito.[128] Na origem do Rito da Luz, McRae[129] acredita que deveria existir algum "culto do sol" cananeu ligado ao equinócio de outono, quando os dias começam a se tornar mais breves e as noites mais longas. Em um dos oráculos de Ezequiel, o Senhor condena um tipo de culto solar dentro do Templo de Jerusalém (Ez 8,16). O Tratado *mSuk* 5,4 evidencia este fato afirmando que, *"quando chegavam à porta oriental, dirigiam os rostos em direção ao ocidente e diziam: 'Nossos pais, que estiveram neste lugar com as costas para o Templo e com os rostos dirigidos em direção ao oriente, se prostraram em direção ao sol; nós, ao contrário, temos os nossos olhos dirigidos ao Senhor'"*.

O "júbilo" é, até os nossos dias, uma proeminente característica da Festa de *Sucot*, a ponto de quase qualificar esta festa. Este júbilo se expressava de maneira mais intensa durante a solenidade noturna da Luz, no átrio das mulheres.[130] Segundo a Mixná, *"não existia nenhum pátio em Jerusalém que não resplandecia com o fogo 'recolhido da água da fonte'"* (*mSuk* 5,3) e, ainda, *"quem jamais viu a alegria 'recolhida da água da fonte' jamais soube o que é alegria"* (*mSuk* 5,1). Durante o Rito da Luz, os quatro candelabros gigantes localizados no Pátio das Mulheres eram acesos, e sua luz iluminava toda a Jerusalém (*mSuk* 5,3). A solenidade era acompanhada pelo soar de harpas, liras, címbalos e trombetas por parte dos levitas, acompanhado por cantos de todo o povo e dança dos homens piedosos durante toda a noite.[131] O Sl 118 dava uma tonalidade escatológica a tal rito, principalmente quando aclamava "*O Senhor é nosso Deus: Ele*

---

[128] J. L. Rubenstein, The History of Sukkot..., 142-143.
[129] G. W. McRae, "The Meaning and Evolution of the Feast of Tabernacles", 273.
[130] L. Camarero María, Revelaciones Solemnes de Jesús, 74.
[131] L. Camarero María, Revelaciones Solemnes de Jesús, 74. Rubenstein acredita que "homens piedosos dançando" seja uma imagem distorcida, pois a precaução prescrita pela t4,1 da separação de homens e mulheres por motivo do êxtase da dança não demonstra uma participação ina-

nos ilumina!" (v.27), acompanhados pelos quinze *"Cânticos para a Subida"* (Sl 120-134).[132] A luz e a alegria tinham uma motivação messiânica, como anunciava a profecia de Isaías: *"Com alegria tirareis água das fontes da salvação"* (Is 12,3) e o Sl 118: *"Ah! Senhor, dá-nos a salvação! Dá-nos vitória, Senhor! Bendito o que vem em nome do Senhor!... o Senhor é Deus, ele nos ilumina"* (vv. 25-27).[133] Além disso, o próprio texto de Is 12,3 é que está na base do *simhat beit hasho'eva*.[134] Rubenstein aponta que o motivo da exaltação por parte dos rabinos do Rito das Luzes ou *simhat beit hasho'eva* era a tendência em idealizar o culto do Templo de Jerusalém; a obrigação de alegrar-se consistia no alegrar-se pelo e no Templo de Jerusalém, isto devido ao fato de a Festa de *Sucot* representar o tempo da alegria na memória popular, a festa por excelência, memória das grandes alegrias sem fim de Israel, motivo pelo qual os rabinos tendiam a estabelecer proporções míticas a este rito.[135]

7. A Festa de *Sucot* na literatura extrabíblica durante o período do judaísmo tardio

A Festa de *Sucot* durante o período do Segundo Templo goza do prestígio de ser a principal festa de peregrinação israelita: *"é a maior e mais santa"* (*Ant.* 8,100), é a festa por excelência, sendo denominada simplesmente "a festa", tendo em vista o seu prestígio dentro da literatura extrabíblica. Principalmente por sua íntima relação com o Templo de Jerusalém, também era considerada a Solenidade do Senhor. Do caráter oficial de Jerusalém, mesmo sendo atenuada a sua importância em favor da Festa de *Pessach*,

---

tiva do povo presente na celebração (J. L. Rubenstein, The History of Sukkot... 135).
[132] J. L. Rubenstein, The History of Sukkot..., 138.
[133] L. Camarero María, Revelaciones Solemnes de Jesús, 74.
[134] L. Jacobs, "Sukkot", in EncJud, XV, 500.
[135] J. L. Rubenstein, The History of Sukkot..., 140.

Sucot continua sendo celebrada com toda a pompa que lhe era peculiar.

Os diversos escritos extrabíblicos testemunham uma verdadeira transformação ritual e ideológica da Festa de *Sucot*. Os relatos judeus extrabíblicos possibilitam visualizar melhor o desenvolvimento histórico e teológico da Festa de *Sucot* durante o período do Segundo Templo e durante o judaísmo tardio, seja ela celebrada na Palestina ou na diáspora. A Biblioteca de Qumrã, as obras de Fílon de Alexandria, do Pseudo-Fílon, de Flávio Josefo e outras como o livro dos Jubileus manifestam uma gama de particularidades no que diz respeito à Festa de *Sucot*, nas quais é possível visualizar convergências e divergências no judaísmo de Jerusalém e da diáspora.

O livro de Jubileus é audacioso ao remeter a origem da Festa de *Sucot* ao Patriarca Abraão, que a inaugura e celebra pela primeira vez por ocasião do júbilo pela perspectiva do nascimento do seu filho legítimo Isaac (*Jub* 16-18). Além disso, Jacó institui o sacerdócio levita para oficiar os ritos sagrados da Festa de *Sucot* (*Jub* 32). E manifesta o desejo de erigir o santuário de Betel.

Fílon de Alexandria argumenta que a Festa de *Sucot* é uma festa de gratidão pelas colheitas realizadas e, como tal, é um ato de justiça. A gratidão abarca os feitos do Senhor no presente e aquele do passado. O uso de tendas, segundo Fílon, tem meramente uma função prática, ou seja, ser abrigo para quem trabalha no campo ou para os israelitas que caminhavam no deserto. O oitavo dia é atenuado por Fílon, por considerá-lo apenas um dia a mais, como nas demais festas judaicas.

Fílon considera a Festa de *Sucot* o ápice e a conclusão do ano festivo e cultual dos judeus. Em Fílon temos uma clara evidência da celebração da Festa de *Sucot* fora de Jerusalém e, como consequência, fora do Templo. Além do mais, a obra de Fílon permite observar a presença do caráter agrícola da Festa de *Sucot*, como observado na profecia de Zc 14. Esta é outra prova da íntima relação de *Sucot* com as suas raízes, ou seja, como festa de gratidão pelo ano agrícola e súplica pelas chuvas vindouras.

A Festa de *Sucot* em Flávio Josefo serve de palco para diversos episódios da história judaica. Uma particularidade de Flávio Josefo é a explicação dada ao uso da tenda festiva. Segundo este autor, a tenda tinha uma função prática, ou seja, proteger-se do frio. Parece que na diáspora as comunidades judaicas tinham uma visão mais racional da Festa de *Sucot*, como podemos sentir através dos relatos de Filão de Alexandria e Flávio Josefo. Pseudo-Filão, por sua vez, relaciona as tendas festivas com a memória do dilúvio e não com o Êxodo do Egito, como prescrito por Lv 23.

Flávio Josefo afirma que Salomão escolheu a Festa de *Sucot* como momento ideal para a consagração do Templo de Jerusalém, por ser esta solenidade "a maior e mais santa de Israel". Pseudo-Fílon descarta o aspecto sacrificial da Festa de *Sucot*, apesar de tomar como base Lv 23. Para este autor, a Festa está relacionada com a obtenção de chuvas, e o uso das plantas prescritas em Lv 23 tem a função de ser um talismã chamariz de chuvas. Por outro lado, Flávio Josefo preocupa-se em identificar as plantas de Lv 23 dada a importância do rito, a tal ponto que o *lulav* para este autor é um rito exclusivo do Templo de Jerusalém.

Os Manuscritos do Qumrã expressam uma idealização do Templo e da Festa de *Sucot* dos tempos escatológicos; igual lógica está presente na profecia de Zc 14 e outros profetas pós-exílicos. No Rolo do Templo, a Festa de *Sucot* nunca perdeu o seu prestígio de ser a solenidade do Templo de Jerusalém. Desta forma, a perspectiva de um templo escatológico teve como consequência o surgimento de uma Festa de *Sucot* escatológica. A literatura joanina, praticamente a única a dar importância à Festa de *Sucot*, a concebe em perspectiva de uma escatológica realizada, ou seja, as promessas escatológicas da Festa de *Sucot* se realizaram em Jesus Cristo. Mesmo a Festa escatológica da Jerusalém Celeste acontece por sua relação com o Cordeiro Imolado e na passagem do templo físico ao templo espiritual.

Os símbolos funerários judaicos e cristãos, tomando imagens da Festa de *Sucot*, evidenciam a característica escatológica destacada por esta solenidade no período do judaísmo tardio.

Em geral, a dimensão agrícola e a relação com o Templo de Jerusalém são aspectos convergentes das diversas obras e grupos, com maior ou menor grau de assimilação. A Festa de *Sucot* é sem dúvida a festa por excelência de Israel, recebendo a denominação de Solenidade do Senhor. Mesmo sendo a Festa de *Sucot* a solenidade do Templo, encontramos indícios em Fílon de Alexandria, Flávio Josefo, Plutarco e Tácito de que a festa era também celebrada fora da Palestina.

CONCLUSÃO

Os primeiros indícios sobre *Sucot* encontram-se nas antigas tradições de Israel e Canaã. Os israelitas, ao tomarem posse da Terra Prometida, também absorveram tradições locais, como as festas ligadas ao ciclo sazonal agrícola. Esta antiga tradição israelita esteve, intimamente, ligada ao santuário de Silo, o qual abrigava a Arca da Aliança do Senhor durante o período dos juízes (Jz 8,33; 9,27; 21,19-21; 1Sm 1,1-27).

Os relatos Javista (Ex 34,18-23) e Eloísta (Ex 23,14-17) apresentam as festas judaicas intimamente relacionadas com o ciclo agrícola anual, sendo *Sucot* celebrada "ao final/passagem do ano", ou seja, *Sucot* era a festa da gratidão ao Senhor pelo êxito das colheitas e da súplica pelas chuvas propícias para o ano-novo agrícola.

O relato Deuteronomista (Dt 16,13-15) não apresenta grande novidade se comparado ao relato de Êxodo. Mas, enquanto o livro do Êxodo denomina a festa do sétimo mês como "Festa da Colheita", o Deuteronômio a chama de "Festa de *Sucot*". Os relatos possuem, em comum, a obrigação de todo homem apresentar-se diante do Senhor três vezes por ano levando as primícias como oferta. Particularmente Dt 16 determina a duração da Festa de *Sucot*, ou seja, sete dias, como em Lv 23. Além disso, é exaltado o clima de alegria/júbilo de *Sucot*, elemento característico desta festa, e a bênção das colheitas. *Sucot* é celebrada em honra do Senhor e no lugar escolhido por Ele. O relato de Dt 16 propõe uma extensão, centralização, socialização e historização de *Sucot*. Esta assume um caráter nacional, ainda que ligada ao ciclo sazonal agrícola.

O relato de Dt 31,9-13 estabelece, explicitamente, uma relação entre *Sucot* e a leitura da Lei. Tal prescrição se coloca na linha jubilar da Leitura da Torá a cada sete anos, conforme encontraremos no relato pós-exílico de Ne 8. Posteriormente, a tradição rabínica estabelecerá a festa do *Simhat Torah*, ao oitavo dia de *Sucot*, como conclusão e início do ciclo de leituras da Torá. O relato Sacerdotal de Lv 23 procura precisar a celebração da Festa de *Sucot*. A Festa de *Sucot* é aqui a Solenidade do Senhor. *Sucot* deve ser celebrada a partir do décimo quinto dia do sétimo mês, durante sete dias, "*quando tiverdes colhido os produtos da terra*". Levítico prescreve sacrifícios diários. A novidade no relato de Lv 23 é a menção do primeiro e do oitavo dia, que são dias de Santa Assembleia e repouso, sendo proibida qualquer atividade. Outras novidades são o uso de plantas para o regozijo e a ereção de tendas festivas, cuja função é a memória do Êxodo: "*Habitareis durante sete dias em tendas... para que os vossos descendentes saibam que eu fiz os israelitas habitarem em cabanas, quando os fiz sair da terra do Egito*" (Lv 23,42.43). O relato de Nm 29,12-38 sobre *Sucot* não apresenta nenhuma novidade, senão aquelas já presentes em Lv 23. Leva-se em conta que o substrato original, ou seja, a relação de *Sucot* com o ciclo sazonal da terra não desaparece completamente diante da historização da Festa de *Sucot* proposta por Levítico e Deuteronômio.

Os livros de 1 Reis e Crônicas vinculam a Consagração do Templo de Salomão com a Festa de *Sucot*, tornando esta intimamente relacionada com o Templo de Jerusalém. Assim, a Festa de *Sucot* praticamente passa a ser a Solenidade do Templo. Na presente pesquisa, foi evidenciado o relato de 1Rs 8, em que se percebe como o autor estabelece um vínculo com as antigas tradições de Israel ligadas à Arca da Aliança e ao santuário de Silo, bem como exaltando as instituições de Israel, como a dos sacerdotes e a dos juízes. Além disso, o relato de 1Rs 8 evidencia a presença divina através da "teologia do Nome" e da "nuvem", a *Shekinah*.

O tema da presença divina é levado ao clímax messiânico com o relato de Zc 14, o qual proclama o "Dia do Senhor". Após a ação do Senhor e o restabelecimento da sua realeza sobre todo o universo, todos os povos serão convocados a subir, anualmente, durante a Festa de *Sucot* para reconhecer a soberania do Senhor, sob pena da falta de chuvas para o ano agrícola seguinte. Na Jerusalém escatológica, a santidade do Senhor não se restringe mais ao limite do Templo de Jerusalém, mas se propaga por toda a Jerusalém, e a população assume o papel de povo sacerdotal.

Além disso, a perspectiva escatológica de Zc 14 vincula *Sucot* à sua antiga raiz agrícola, ou seja, subir anualmente sob pena da falta de chuva. O subir anualmente evidencia que o tempo escatológico de Zc 14 está vinculado ao tempo cronológico dos dias e anos terrestres.

Zc 9 e 10 anuncia a vinda do Messias: "*Exulta muito, filha de Sião! Grita de alegria, filha de Jerusalém! Eis que o teu rei vem a ti: ele é justo e vitorioso, humilde, montado sobre um jumentinho...*" (Zc 9,9), enquanto o canto do "*Restabelecimento de Israel*" (Zc 9,11-17; 10,1-2) utiliza o rito da Libação da Água como motivo de juízo. O mesmo tema do juízo encontra-se no relato de Zc 14. Porém, aqui, os ritos da Libação da Água e do Fogo são usados como meios de juízo do Senhor sobre as nações. O centro de Zc 14 é o reconhecimento universal da realeza do Senhor, fruto das suas vitórias sobre as nações, que agora deverão anualmente subir a Jerusalém, a fim de reconhecer a soberania do Senhor. *Sucot* em Zc 14 se relaciona com os temas da realeza do Senhor, da luz e da água da vida. Zc 14 eleva a Festa de *Sucot* ao nível de Festa Escatológica por excelência, porém sem perder o seu caráter agrícola original.

A evolução da Festa de *Sucot* até o nível escatológico será importante para o período do judaísmo tardio. A característica particular de festa de fim de ano agrícola é ambiente propício para o tema do juízo: a colheita dos bons frutos, a queima dos frutos maus e a esperança dos novos tempos. O final dos trabalhos agrícolas, o regozijo pelas colheitas realizadas, a dança, o vinho novo, o canto, o júbilo evidenciarão um caráter popular e festivo por excelência de *Sucot*. Todas estas características levarão autores, como Flávio Josefo, a descrever *Sucot* como a maior e mais santa festa de Israel; as lideranças das duas insurreições de 70 e 135 d.C. tomarão os símbolos rituais de *Sucot* como expressão da exaltação e propaganda da identidade nacional de Israel.

A passagem do pré para o pós-exílio assiste a uma transformação radical dentro do universo cultural, social e religioso de Israel.

Um dos pontos marcantes é justamente a mudança de calendário. O novo sistema implantado pelos repatriados exalta a Festa de *Pessach* em detrimento da Festa de *Sucot*, principalmente com a mudança de passagem de ano. O novo calendário lunissolar fixa exatamente a data das celebrações, salvaguardando o sábado de sobreposição festiva. O novo Israel deverá habituar-se ao novo sistema de calendário, mas a crise interna do judaísmo já estava desencadeada.

Dentro do ambiente judaico-cristão da Igreja Primitiva, não sabemos como exatamente a Festa de *Sucot* foi assimilada. O único relato explícito de *Sucot* é o de Jo 7,2. O autor se limita a fazer referências temporais e espaciais de *Sucot*, como o início, o meio e o dia mais solene da Festa e no Templo. A particularidade está na referência à Água da Vida e à Luz do Mundo feita por Jesus, enquanto ensina no Templo, relacionando indiretamente os ritos da Libação de Água e da Procissão do Fogo com a sua pessoa. A menção à Água da Vida evoca os textos dos relatos da água da rocha de Ex 17,6 (Sl 78,15-16; 105,41) e as águas subterrâneas do Templo de Jerusalém de Ez 47, Jl 4,18 e Zc 14,8. O Evangelista João, ao tratar do tema da Água da Vida, relaciona os temas da Lei e do Dom do Espírito Santo. Por outro lado, a autoproclamação de Jesus como Luz do Mundo está em direta relação com a Lei de Israel, que Jesus "ensina no Templo", possivelmente dentro da perspectiva de Dt 31. O tema da Luz evoca a coluna de fogo do deserto (Ex 13,21ss). É possível que a conexão entre a Lei e a Luz de *Sucot* quisesse evocar a memória do Êxodo. Em todo caso a aproximação com o Êxodo se faz diretamente com a sua automanifestação "Eu Sou", relacionando a si mesmo com o Senhor dentro da perspectiva de Ex 3,14, resgatando a Teologia do Nome, desencadeando a fúria "dos judeus", pois ele se fazia "igual a Deus" (Jo 5,18).

A Festa de *Sucot* deixa traços indeléveis dentro da liturgia cristã. Não podemos dizer que ela tenha apenas desaparecido ou que não tenha passado a fazer parte, como a maioria dos autores afirma.[1]

---

[1] R. Vicent afirma que "a ausência da Festa de *Sucot* no calendário cristão se deve por uma convergência de motivos. Acima de tudo, todo o significado desta festa, como a das demais, foi absorvido pela páscoa pessoal de Jesus de Nazaré [...]. As poucas referências à festa (Jo 7,2; Ap 7) na reali-

Na realidade temos uma transposição festiva do judaísmo para o cristianismo. A dificuldade é que as duas primeiras principais festas judaicas, Páscoa e Pentecostes, passam para o cristianismo com o mesmo nome de sua origem judaica, enquanto a Festa de *Sucot* deixa seus traços indeléveis, mas não o nome. No essencial, Comblin afirma que a Festa da Epifania do Senhor é a Festa de *Sucot* Cristã.[2] Por outro lado, *Sucot* era um complexo litúrgico, com diversos ritos que se estendiam por oito dias. Este complexo, como um todo, não passa a fazer parte do cristianismo, somente os seus ritos e sua teologia, distribuídos dentro do quadro litúrgico cristão, como a Entrada Triunfal de Jesus em Jerusalém (Domingo de Ramos), a Festa do Batismo do Senhor, a Festa da Epifania do Senhor, a Festa da Exaltação da Santa Cruz e a Transfiguração do Senhor. Tryon-Montalembert é mais audacioso ao afirmar que, se *Sucot* não chegou a constituir uma específica solenidade cristã, é porque toda a liturgia cristã possui a marca desta festa.[3] Claro que tal hipótese é exagerada, mas que *Sucot* deixou os seus traços na liturgia cristã, isto é inegável.

O estudo da Festa de *Sucot* em ambiente cristão se faz necessário porque projeta nova luz sobre as atuais pesquisas bíblicas e questiona diversas concepções cristalizadas ao longo da história

---

dade são interpretações do Êxodo na figura de Jesus, na qual se condensam aspectos do AT. Recorre-se a *Sucot* porque comporta uma interessante constelação de temas do Êxodo (água, povo a caminho, Deus que guia e protege) e, principalmente, uma perspectiva universal e religiosa em alguns textos proféticos (Zc 14,16-19; LXX Am 9,11s). Examinando as referências à festa no AT, compreende-se que a comunidade cristã não tenha utilizado uma apresentação escatológica e universal de *Sucot* como a de Zc 14,16-19" (R. Vicent, La Festa Ebraica delle Capanne (Sukkot), 235). A afirmação de Vicent é altamente redutiva, desconsidera toda a evolução da Festa de *Sucot* e, principalmente, não leva em consideração a perspectiva teológica de João. Afirmar que *Sucot* é apenas uma festa da memória do Êxodo e que esta contém todos os elementos deste evento é desconsiderar as demais festas judaicas e toda uma longa tradição cultual e literária de Israel.

[2] J. Comblin, "La fête des Tabernacles", in AssSeign 72 (1964) 53-67.
[3] R. de Tryon-Montalembert, "Les fêtes d'automne et la liturgie Chrétienne", in RenChrJ 62 (1979) 205-213.

da Igreja. Com certeza, as festas judaicas *Pessach*, *Shavuot* e *Sucot*, vistas no seu conjunto, iluminam e permitem conhecer as riquezas das nossas santas raízes judaicas e a vida cultual do cristianismo primitivo em todo o seu vigor.

A passagem de 1Rs 8 a Zc 14 evidenciou uma perspectiva diferente da longa história do Povo Judeu, que vai desde a conquista da Terra Prometida até os primórdios do judaísmo rabínico e do cristianismo. *Sucot* resgata a memória do Êxodo, celebra a vida agrícola da Terra Prometida, evidencia a presença do Senhor no meio do seu povo, na sua tenda/Templo, e alegremente conduz para os tempos paradisíacos.

Se perguntarmos o que é *Sucot*, as respostas podem ser as mais variadas possíveis. Acima de tudo, *Sucot* é um microcosmo,[4] de ideias, de símbolos, de história. *Sucot* é a festa do fim do ano agrícola; *Sucot* é a festa da súplica pelas chuvas vindouras; *Sucot* é a festa do Templo de Jerusalém, *Sucot* é a alegria da Torá; *Sucot* é a memória do Êxodo; *Sucot* é a alegre festa popular de Israel; *Sucot* é a festa escatológica por excelência; *Sucot* é a Festa do Senhor; *Sucot* é a festa da Jerusalém celeste. *Sucot* é, enfim, a Festa da Manifestação de Nosso Senhor Jesus Cristo ao mundo.

---

[4] Camarero María tenta explicar a Festa de *Sucot* do seguinte modo: "[*Sucot*] era a celebracão da presença salvadora do Senhor-Rei no seu Templo (cf. Zc 14,9.16; Josefo, Ant 3,219), em memória do Êxodo e com projeção para a futura libertação, em clima de exaltação messiânica" (L. Camarero María, Revelaciones Solemnes de Jesús, 384).

REFERÊNCIAS BIBLIOGRÁFICAS

BAILLET, M., *Qumrân Grotte 4, III: 4Q482-4Q520*, Clarendon Press, Oxford 1982.

BAUMGARTEN, J. M., "4Q502, Marriage or Golden Age Ritual?" in *JJS* 35 (1983) 125-135.

_____, *Studies in Qumran Law*, Brill, Laiden 1977.

BENTZEN, A., "The Cultic use of the Story of the Ark in Samuel", in *JBL* 67 (1948) 37-53.

BIENAIME, G., "Sukkot, dans le judaïsme ancien et dans Nouveau Testament", in *DBS* 72, 40-56.

BINNI, W., & BOSCHI, B. G., *Cristologia Primitiva, dalla teofania del Sinai all'Io Sono giovanneo*, EDB, Bologna 2004.

BOSCHI, B.G., *Le Origini della Chiesa, una rilettura prospettica*, EDB, Bologna 2005.

BRIGHT, J., *História de Israel*, Edições Paulinas, São Paulo 1978.

CAMARERO MARÍA, L., *Revelaciones Solemnes de Jesús, Derás Cristológico en Jn 7-8 (Fiesta de las Tiendas)*, Claretianas, Madrid 1997.

CAZELLES, H., "Israël du Nord et Arche d'Alliance (Jér. III 16)", in *VT* 18 (1968) 147-158.

_____, "La Fete des Tentes en Israel", in *BVC* 65 (1964) 32-44.

_____, *Introduction à la Bible, Introduction Critique à l'Ancien Testament*, II, Desclée, Paris 1973.

CHARLES, R. H., *The Apocrypha and Pseudepigrapha of the Old Testament*, II, Clarendon Press, Oxford 1968.

CHILDS, B. S., *Introduction to the Old Testament as Scripture*, SCM Press, London 1979.

CLEMENTS, RE, *God and Temple*, The Alden Press, Basil Blackwell 1965.

COHEN, M. A., "The Role of the Shilonite Priesthood", in *HUCA* 36 (1965) 59-98.

COMBLIN, J., "La fête des Tabernacles", in *AssSeign* 72 (1964) 53-67.

____, "La Liturgie de la Nouvelle Jérusalem (Apoc., XXI, I-XXII, 5)", in *ETL* 29 (1953) 5-40.

CRUS, H., "Centralization of Cult by Josiah, A Biblical Perspective in relation to Globalization", in *Jeev* 25 (1995) 65-71.

DANIÉLOU, J., "Lês Quatre-Temps de Septembre et la Fête des Tabernacles", in *MD* 46 (1956) 114-136.

____, "Le Symbolisme Eschatologique de la Fête des Tabernacles", in *Irén.* 31 (1958) 19-40.

____, *Théologie du Judéo-christianisme,* Desclée de Brouwer, Paris-Tornai 1958.

DAVENPORT, G. L., *The Eschatology of the Book of Jubilees,* Brill, Leiden 1971.

DELCOR, M., "La Fête des Huttes dans le Rouleau du Temple et dans le Livre des Jubilés", in *RQ* 15 (1991) 181-198.

DE VAUX, R., *Historia Antigua de Israel,* I-II, Ediciones Cristiandad, Madrid 1975.

____, *Instituições de Israel no Antigo Testamento,* Ed. Teológica/Paulus, São Paulo 2003

____, *Les Sacrifices de L'Ancien Testament,* Gabalda, Paris 1964.

DEVILLERS, L., *La Fête de l'Envoyé, La Section Johannique de la Fête des Tentes (Jean 7,1-10,21) et la Christologie,* J. Gabalda, Paris 2002.

DEVRIES, S.J., *1 Kings,* WBC XII, Word Books Publisher, Waco-Texas 1985.

DHORME, P. & VICENT, L.H., «Les Chérubins», in *RB* (1926) 328-358.

____, "Les Chérubins" in *RB* (1926) 482-495.

DÍEZ MACHO, A., *Apócrifos del Antiguo Testamento,* II, Ediciones Cristiandad, Madrid 1983.

DRAPER, J.A., "The Heavenly Feast of Tabernacles: Revelation 7.1-17", in *JSNT* 19 (1983) 133-147.

FRISCH, A., "The Exodus Motif in 1Kings 1-14", in *JSOT* 87 (2000) 3-21.

GAIDEN, G., *Jérusalem, voici ton Roi,* Lection Divina 49, Du Cerf, Paris 1968.

GALIL, G., "The Chronological Framework of the Deuteronomistic History", in *Bib*. 85 (2004) 413-421.

GARBINI, G., *Il Ritorno dall'Esilio Babilonese*, Paideia, Brescia 2001.

GÄRTNER, B., *The Temple and the Community in Qumran and the New Testament: a comparative study in the Temple: simbolism of the Qumran texts and the New Testament*, Cambridge University Press, Cambridge 1965.

GOODING, D.W., *The Account of the Tabernacle, Translation and Textual Problems of the Greek Exodus*, Cambridge University Press, Cambridge 1959.

_____, "Temple Specifications: A Dispute in logical Arrangement Between the MT and the LXX", in *VT* 17 (1967) 143-172.

GOUDOEVER, J. VAN, *Fêtes et Calendriers Bibliques*, Beauchesne, Paris 1967.

HARAN, M., "Shiloh and Jerusalem: The Origin of the Priestly Tradition in the Pentateuch", in *JBL* 81 (1962) 14-24.

_____, *Temples and Temple-Service in Ancient Israel - An Inquiry into the Character of Cult Phenomena and the Historical Setting of the Priestly School*, The Clarendon Press, Oxford 1978.

_____, "The Ark and the Cherubim: Their Symbolic Significance in Biblical Ritual", in *IEJ* 9 (1959) 30-38.

_____, "The Nature of the ' 'Ohel Mo'edh' in Pentateuchal Sources", in *JSS* 5 (1960) 50-65.

HENTON DAVIES, G., "Ark of the Covenant" in *The Interpreter's Dictionary of the Bible*, I, A-D, Nashville Abingdon Press, New York 1962.

HOOPE, L.J., "The Afterlife of a Text, The Case of Solomon's Prayer in 1 Kings 8", in *LA* 51 (2001) 9-30.

HRUBY, K., "La Fête des Tabernacles au Temple, a la Synagogue et dans le Nouveau Testament", in *OrSyr* 7 (1962) 163-174.

HUROWITZ, V.A., *I Have Built You an Exalted House, Temple Building in the Bible in Light of Mesopotamian and Northwest Semitic Writings*, JSOTs 115, Sheffield Academic Press, Sheffield 1992.

JACOBS, L., "Sukkot in Rabbinic Literature", in *EncJud*, V, Keter Publishing House, Jerusalem 1971-1972, 498-502.

KUTSCH, E., "Sukkot - In the Bible", in *EncJud*, V, Keter Publishing House, Jerusalem 1971-1972, 495-498.

LAMARCHE, P., *Zacharie IX-XVI, Structure Littéraire et Messianisme*, Lecoffre-Gabalda, Paris 1961.

LEITHART, P.J., "Attendants of Yahweh's House: Priesthood in the Old Testament", in *JSOT* 85 (1999) 3-24.

LENHARDT, P., "La Tradition d'Israël sur la Présence Divine (*Shekinah*) – dans le Temple dans le monde éclaire la foi chrétienne en l'Incarnation", in *CahRat* 2 (1997) 137-162.

_____, "Quelques Aspects de la Fête de Soukkoth, dans la littérature rabbinique", in *RenChrJ* 62 (1979) 189-196.

LESZYNSKY, R., *Die Sadduzäer*, Mayer & Müller, Berlin 1912.

LONG, B. O., *1 Kings, Whit an Introduction to Historical Literature*, FOTL IX, Wm. B. Eerdmans Publishing, Grand Rapids 1984.

LUZARRAGA, J., *Las Tradiciones de la Nube en la Biblia y en el Judaismo Primitivo*, Biblical Institute Press, Roma 1937.

MARTIN-ACHARD, R., "Sukkot, dans l'Ancien Testament", in *DBS* 72, 56-77.

MARTÍNEZ, F. G., *Textos de Qumran*, Vozes, Petrópolis 1995.

MASSYNGBERDE, F., *Revelation. A new translation with introduction and commentary*, Doubleday, New York 1975.

MCRAE, G.W., "The Meaning and Evolution of the Feast of Tabernacles", in *CBQ* 22 (1960) 251-276.

MERRAS, M., *The Origins of the Celebration of the Christian Feast of Epiphany, an ideological, cultural and historical study*, Joensuu Univerty Press, Joensuu Finland 1995.

MEYERS, C., "Cherubins", in *ABD*, I, 899-900.

MOATI, E., "Le Pèlerinage de Sukkot", in *MOBI* 91 (1995) 12.

MONTEGOMERY, J.A., *A Critical and Exegetical Commentary on the Books of Kings*, ICC, T&T Clark, Edinburgh 1976.

MORGENSTERN, J., "The Ark, the Ephod, and the 'Tent of Meeting'", in *HUCA* 17 (1942/43) 153-266.

_____, "The Chanukkah Festival and the Calendar of Ancient Israel", in *HUCA* 20 (1947) 1-136.

MOWINCKEL, S., *The Psalms in Israel's Worship*, Blackwell, Oxford 1962.

MYERS, J.M., *I&II Esdras*, Doubleday & Company, New York 1974.

____, *Ezra. Nehemiah*, Doubleday & Company, New York 1965.

NEREPARAMPIL, L., "Biblical Symbolism of the Temple", in *JDharma* 9 (1984) 161-174.

NICKELSBURG, G. W. E., *Jewish Literature between the Bible and the Mishnah*, Fortress Press, Philadelphia 1981.

____, "The Bible Rewritten and Expanded" in *Jewish Writings and Literary Introduction*, ed. M. E. Stone, Assen, Van Gorcum 1984.

NODET, E., "La Dédicace, les Maccabées et le Messie", in *RB* 93 (1986) 321-375.

NOTH, M., *A History of Pentateuchal Traditions*, Prentice-Hall, Inc, Englewood Cliffs 1972.

PELLETIER, A., *Introduction, Traduction et Notes in Philon-d'Alexandrie, In Flaccum*, Du Cerf, Paris 1967.

PERROT, C. & BOGAERT, P-M., *Les Antiquités Bibliques, t. II, Introduction Littéraire, Commentaire et Index*, Du Cerf, Paris 1976.

RANKIN, O. S., *The Origins of the Festivals of Hanukkah, The Jewish New-Age Festival*, T&T Clark, Edinburgh 1930.

REDDITT, P.L., "Israel's Shepherds: Hope and Pessimism in Zechariah 9-14", in *CBQ* 51 (1989) 631-642.

REYNOLDS, E., "The Feast of Tabernacles and the Book of Revelation", in *AUSS* 38 (2000) 245-268.

ROSTOVTZEFF, M. I., *Dura-Europos and Its Art*, The Clarendon Press, Oxford 1938.

RUBENSTEIN, J. L., *The History of Sukkot in the Second Temple and Rabbinic Periods*, Scholars Press, Atlanta, Georgia 1995.

____, "The *Sukka* as Temporary or Permanent Dwelling: A Study in the Development of Talmudic Thought", in *HUCA* 64 (1993) 137-166.

____, "Sukkot, Eschatology and Zecharian 14", in *RB* 103 (1996) 103

SABOURIN, L., "The Biblical Cloud – terminology and traditions", in *BTB* 4 (1974) 290-312.

SACCHI, P., *Historia del Judaísmo en la Época del Segundo Templo*, Editorial Trotta, Madrid 2004.

_____, *Apocrifi dell'Antico Testamento*, Paideia, Brescia 2000.

SCHAEFER, K. R., "The Ending of the Book of Zechariah; A Commentary", in *RB* 100 (1993) 165-238.

_____, "Zechariah 14 and the Composition of the Book of Zechariah", in *RB* 100-3 (1993) 368-398.

SCHAFFER, A., "The Agricultural and Ecological Symbolism of the Four Species of *Sucot*", in *Trad*. 20 (1982) 128-140.

SCHLEY, D. G., *Shiloh, A Biblical City in Tradition and History*, JSOTs 63, Sheffield Academic Press, Sheffield 1989.

SCHNIEDEWIND, W. M., "Notes and Observations Textual Criticism and Theological Interpretation: The Pro-Temple *Tendenz* in the Greek Text of Samuel-Kings", in *HTR* 87 (1994) 107-16.

SCHÜRER, E., *Storia del Popolo giudaico al Tempo di Gesù Cristo*, III, t. 1, Paideia, Brescia 1997.

SCHWARTZ, J., "Jubilees, Bethel and the Temple of Jacob", in *HUCA* 56 (1985) 63-85.

SELWYN, E. C., "The Feast of Tabernacles, Epiphany, and Baptism", in *JTS* 13 (1912) 225-249.

SEOW, C. L., "Ark of the Covenant", in *AnchBD*, I, 386-393.

SKA, J. L., *Introduzione alla Lettura del Pentateuco*, EDB, Bologna 2004.

SMITH, M. S., *The Pilgrimage Pattern in Exodus*, JSOTs 239, Sheffield Academic Press, Sheffield 1997.

SONNE, I., "The Paintings of the Dura Synagogue", in *HUCA* 20 (1947) 254-362.

SPATAFORA, A., *From the "Temple of God" to God as the Temple*, Tesi Gregoriana 27, Editrice Pontificia Università Gregoriana, Roma 1997.

STAGER, L. E., "Jerusalem and the Garden of Eden", in *ErIs* 26 (1999) 183-194.

STAROBINSKI-SAFRAN, E., *Introduction, Texte, Traduction et Commentaire in Philon d'Alexandrie, De Fuga et Invencione*, Du Cerf, Paris 1970.

STRACK, H. L. & BILLERBECK, P., "Exkurs: Das Laubhüttenfest" in *Kommentar zum Neuen Testament aus Talmud und Midrash*, II, C.H. Beck München, München 1978.

THADATHIL, K., *The Feast of the Epiphany in the Malankara and the West Syrian Traditions*, Pontificium Institutum Orientale, Romae 2001.

THANKACHAN, T., *The Feast of the Epiphany in the Church of the East (Assyrian, chaldean and Syro-Malabar)*, Pontificium Institutum Orientale, Romae 2004.

TOORN, K.V. DER & HOUTMAN, C., "David and the Ark", in *JBL* 113/2 (1994) 209-231.

TRYON-MONTALEMBERT, R. DE, "Les Fêtes d'Automne et la Liturgia Chrétienne", in *RenChrJ* 62 (1979) 205-213.

ULFGARD, H., *Feast and Future, Revelation 7:9-17 and the Feast of Tabernacles*, Almqvist & Wiksell, Stockholm 1989.

_____, *The Story of Sukkot, The Setting, Shaping, and Sequel of the Biblical Feast of Tabernacles*, Mohr Siebeck, Tübingen 1998.

VALLE, C. DEL, Editor, *La Misná*, Ediciones Sígueme, Salamanca 2003.

VAN GOUDOEVER, J., *Fête et Calendriers Bibliques*, Beauchesne et ses Fils, Paris 1967.

VANDERKAN, J. C., *An Introduction to Early Judaism*, William B. Eerdmans/Grand Rapids, Cambridge 2001.

_____, *Enoch and the Growth of an Apocalyptic Tradition*, The Catholic Biblical Association of America, Washington 1984.

_____, "The Angel of the Presence in the Book of Jubilees", in *DSD* 7 (2000) 378-393.

_____, *The Book of Jubilees*, E. Peeters, Louvanii 1989.

VICENT, R., *La Festa Ebraica delle Capanne (Sukkot) – Interpretazioni Midrashiche nella Bibbia e nel Giudaismo Antico*, Libreria Editrice Vaticana, Città del Vaticano 2000.

VITRINGA, C., *Anakrisis Apocalypsios Joannis Apostoli*, Henrici Strickii, Amsterdam 1719.

WENTLING, J. L., "Unraveling the Relationship Between 11QT, the Eschatological Temple and the Qumran Community", in *RQ* 53 (1989) 61-73.

WEYDE, K. W., *The Appointed Festivals of Yhwh, The Festival Calendar in Leviticus 23 and the Sukkôt Festival in Other Biblical Texts*, Mohr Siebeck, Tübingen 2004.

WIEDER, N., " 'Sanctuary' as a Metaphor for Scripture", in *JJS* (1957) 165-175.

WILLIAMSON, H.G.M., *Ezra, Nehemiah*, WBC XVI, Word Books Publisher, Waco-Texas 1985.

WILLIS, J. T., "Cultic Elements in the Story of Samuel's Birth and Dedication", in *ST* 26 (1972) 33-61.

YADIN, Y., *The Temple Scroll, The Hidden Law of the Dead Sea Sect*, Weidenfeld and Nicolson, London 1985.

ZEITLIN, I. M., *Ancient Judaism*, Polity Press, Oxford 1991.

ZEITLIN, S., "Hanukkah, its Origin and its Significance", in ID, *Studies in the Early History of Judaism*, I, KTAV Publishing House, New York 1973.

____, "The Book of 'Jubilees' and the Pentateuc", in *JQR* 48 (1957) 218.

TABELA COMPARATIVA DAS CITAÇÕES SOBRE A FESTA DE *SUCOT*

Ex 34	Ex 23	Lv 23	Nm 29	Dt 16
חַג הָאָסִיף Festa da Colheita[22]	חַג הָאָסִף Festa da Colheita[16]	חַג הַסֻּכּוֹת Festa das Tendas[34] חַג־יהוה Festa do Senhor[39,41]		חַג הַסֻּכֹּת Festa das Tendas[13]
Passagem de ano[22]	Fim do ano, quando recolheres dos campos o fruto dos teus trabalhos[16]	15º dia do 7º mês[41], durante 7 dias, quando tiverdes colhido os produtos da terra[34,39]	15º dia do 7º mês[12]	Durante 7 dias, após ter recolhido o produto da tua eira e do teu lagar[13]
Três vezes por ano todo homem do teu meio aparecerá perante o Senhor Deus de Israel[23] Trará o melhor das primícias para a casa do Senhor teu Deus[26]	Três vezes no ano, toda a população masculina comparecerá perante o Senhor[17] Trarás as primícias dos frutos da tua terra à casa do Senhor teu Deus[19] Ninguém compareça de mãos vazias perante mim[15]	No 1º dia, dia de Santa Assembleia, não fareis nenhuma obra servil.[35] No 8º dia haverá santa Assembleia e apresentareis oferendas queimadas... não fareis nenhuma obra servil[36] O 1º e o 8º dia serão dias de repouso[39] Frutos formosos, ramos de palmeiras, ramos de árvores frondosas e de salgueiros.... e vos regozijareis[40] Lei perpétua[40] Habitareis durante sete dias em cabanas... para que os vossos descendentes saibam que eu fiz os israelitas habitarem cabanas, quando os fiz sair da terra do Egito[42,43] Oferendas queimadas diárias[35]	No 15º dia do 7º mês, tereis uma santa assembleia: não fareis nenhuma obra servil[12]... no 8º dia, tereis assembleia. Não fareis nenhuma obra servil[35] Oferendas diárias, oblações, libações e holocaustos[12-39]	Três vezes por ano todo varão deverá comparecer diante do Senhor[16] Cada um traga seu dom conforme a bênção que o Senhor teu Deus te houver proporcionado[17] Ninguém se apresente de mãos vazias diante do Senhor[16] Ficarás alegre... tu, teu filho e tua filha, teu servo e tua serva, o levita e o estrangeiro, o órfão e a viúva que vivem nas tuas cidades[14] O Senhor vai abençoar em todas as tuas colheitas e em todo trabalho da tua mão, para que fique cheio de alegria[15] Festejarás em honra do Senhor... no lugar que houver escolhido[15,16]

Dt 31,9-13	Jz 21	1Sm 1-2	1Rs 8	1Rs 12
חַג הַסֻּכּוֹת Festa de Sucot[10]	חַג־יְהוָה Festa do Senhor[19]		הֶחָג A Festa[2.65]	
Fim de cada sete anos[10]	Celebração anual – Santuário de Silo[19]	Subida anual para adorar ao Senhor dos Exércitos em Silo[3.19]	7º mês = mês de Etanim[2]	Festa do 8º mês, no 15º dia[32.33], à semelhança da que se celebrava em Judá[32]
Proclamação de Lei, no lugar escolhido pelo Senhor e diante dEle	Dança das filhas de Silo nas vinhas... rapto das moças[21-22]	Ingestão de vinho = embriaguez[1,13;2,15]		Santuário de Betel Instituição de uma festa num mês arbitrário
		Oferta de Sacrifícios[1,4;2,19]	Sacrifícios[5.62-63] e queima de incenso[33]	Sacrifícios[32] e queima de incenso[33]

2Cr 5-7	Esd 3,1-13	Ne 8	Ez 45,25	Os 9,1-5
הֶחָג A Festa[5,3;7,8]	חַג הַסֻּכּוֹת Festa de Sucot[4]	חַג בַּחֹדֶשׁ הַשְּׁבִיעִי Festa do 7º mês	הֶחָג A Festa[25]	חַג־יְהוָה Festa do Senhor[5]
7º mês[5,3;7,10], durante 7 dias[7,9]	7º mês	1º dia do 7º mês, durante 7 dias	15º dia do 7º mês, durante 7 dias[25]	
Grande Assembleia[8-9] 8º dia = solene assembleia	Assembleia de todo o povo em Jerusalém Restabelecimento do altar Cantos e louvores de ação de graças ao Senhor	Assembleia de todo o povo ao 1º e 8º dia Leitura da Lei Dia consagrado ao Senhor = grande regozijo Colheita de ramos e construção e habitação de tendas		O profeta condena Israel pelos seus crimes. Por isso Israel não pode mais se alegrar A eira e o largar não alimentará mais Israel Israel não mais habitará na terra do Senhor Não derramarão mais vinho para a libação ao Senhor
Sacrifícios[5,6;7,14]	Sacrifícios		Oferta de sacrifício pelo pecado, o holocausto e a oblação e o azeite	

Zc 14	Jo 7–8	Ap 7	Ap 21	Ap 22
חַג הַסֻּכּוֹת Festa de Sucot[16.18.19] Subida anual para adorar ao Senhor[16.17] Prostrar-se diante do Senhor em Jerusalém, na sua casa A recusa de peregrinar para celebrar a Festa de Sucot é condenada com a falta da chuva As panelas da Casa do Senhor serão como vasos de aspersão diante do altar Toda panela em Jerusalém e Judá será consagrada = Povo Sacerdotal Sacrifícios[21]	ἑορτὴ τῆς σκηνοπηγίας Festa de Sucot[7.2] O relato de Jo 7–8 se passa no início, no meio e no final da Festa de Sucot Peregrinação (subida para Jerusalém) Jesus ensina no Templo de Jerusalém Referências implícitas aos ritos da Libação de Água e do Fogo Jesus se automanifesta	Grande multidão de todas as nações, tribos, povo e línguas, de pé diante do trono e diante do Cordeiro, trajados de vestes brancas e com palmas na mão proclamando: "A salvação pertence ao nosso Deus"[9-10] A multidão está diante do trono, servindo dia e noite no Templo. Aquele que está sentado no trono estenderá a sua tenda sobre eles... o sol não mais os afligirá... e o Cordeiro os conduzirá às fontes da Água da Vida[15-17]	Referências implícitas: "Eis a tenda de Deus com os homens. Ele habitará com eles"[3] "A quem tem sede eu darei... da fonte de água viva"[6] "O Templo é o Senhor... e o Cordeiro. A cidade não precisa do sol ou da lua para a iluminar, pois a glória de Deus a ilumina, e sua lâmpada é o Cordeiro. As nações caminharão à sua luz, os reis da terra trarão a ela a sua glória – pois ali não haverá mais noite"[22-26]	Referências implícitas; "Rio de água da vida... que sai do trono de Deus e do Cordeiro... seus servos lhe prestarão culto; verão a face de Deus... Já não haverá noite: ninguém mais precisará da luz da lâmpada nem da luz do sol, porque o Senhor Deus brilhará sobre eles e eles reinarão pelos séculos dos séculos"[1-5]

Tabela comparativa das citações sobre a Festa de Sucot

ÍNDICE DE AUTORES

B
Baillet, M., 104
Baumgarten, J. M., 103, 104, 105
Bentzen, A., 28
Binni, W., 110, 111
Bogaert, P.-M., 119
Boschi, B. G., 7, 110, 111
Bright, J., 43, 82

C
Camarero MarÌa, L., 124, 132, 134, 135, 144
Cazelles, H., 49, 51
Charles, R. H., 107
Childs, B. S., 49, 50
Clements, R. E., 44, 45, 46
Cohen, M. A., 30, 32
Comblin, J., 143

D
Davenport, G. L., 107, 108
Delcor, M., 108, 109
De Vaux, R., 26, 27
Díez Macho, A., 106

F
Frisch, A., 22, 23, 24

G
Galil, G., 23
Gooding, D. W., 23
Goudoever, J. van, 75
Gärtner, B., 103

H
Haran, M., 28
Hruby, K., 128, 133

J
Jacobs, L., 122, 135

K
Kutsch, E., 22

L
Lamarche, P., 50, 51
Lenhardt, P., 127, 128
Leszynsky, R., 107
Long, B. O., 34

M
Martin-Achard, R., 19, 20, 21, 38, 75, 78
Martínez, F. G., 104
McRae, G. W., 14, 16, 17, 18, 21, 22, 38, 109, 118, 119, 123, 129, 130, 131, 133, 134
Morgenstern, J., 89
Mowinckel, S., 27, 28, 36, 52, 64, 70
Myers, J. M., 43, 74, 78, 79

N
Nereparampil, L., 44, 47
Nickelsburg, G. W. E., 101, 107
Nodet, E., 82, 83, 84, 85, 90, 91

P
Pelletier, A., 114
Perrot, C., 119

R
Rankin, O. S., 86, 87
Rostovtzeff, M. I., 130
Rubenstein, J. L., 36, 37, 48, 52, 54, 65, 66, 67, 68, 69, 70, 71, 79,

80, 81, 83, 84, 85, 86, 88, 100, 101, 103, 104, 106, 113, 115, 116, 117, 118, 119, 120, 121, 122, 123, 124, 125, 128, 129, 131, 133, 134, 135

S

Schaefer, K. R., 50, 51, 52, 55, 56, 57, 58, 59, 60, 61, 62, 63, 65, 67, 69, 70
Schaffer, A., 129
Schley, D. G., 26, 27
Schniedewind, W. M., 23
Sch.rer, E., 101, 104, 106, 112, 114
Schwartz, J., 110
Sonne, I., 130
Starobinski-Safran, E., 115

T

Tryon-Montalembert, R. de, 143

U

Ulfgard, H., 14, 17, 18, 19, 39, 51, 52, 53, 54, 55, 68, 71, 74, 75, 76, 77, 78, 79, 80, 81, 86, 87, 93, 94, 95, 96, 97, 100, 101, 103, 106, 108, 109, 111, 121, 123, 124, 129, 131

V

Van Goudoever, J., 75, 94, 131, 132
Vicent, R., 14, 15, 27, 33, 35, 52, 65, 69, 70, 83, 84, 85, 86, 100, 101, 102, 116, 117, 118, 120, 142

W

Wentling, J. L., 102, 103
Weyde, K. W., 16, 52, 53, 54, 64, 65, 70, 71
Willis, J. T., 28

Y

Yadin, Y., 100, 103

Z

Zeitlin, S., 88, 106, 107

Impresso na gráfica da
Pia Sociedade Filhas de São Paulo
Via Raposo Tavares, km 19,145
05577-300 - São Paulo, SP - Brasil - 2011